中公新書 2543

JN159192

山本章子著

日米地位協定

在日米軍と「同盟」の70年

中央公論新社刊

はじめに

イラク戦争が泥沼化するなか、イラク出撃に備えて沖縄県内で訓練中の米軍ヘリが、宜野《ぎの》湾《わん》市の米海兵隊普天間《ふてんま》飛行場に着陸しようとして、隣接する沖縄国際大学に墜落した。二〇〇四年八月一三日午後二時過ぎのことである。

全長約二七メートル、最大重量は約二二トンにもなるヘリの本体は、学長らが執務を行う本館に激突して爆発炎上、空中で脱落した尾翼ローターは公民館近くの空き地に落下した。墜落の衝撃で飛び散ったヘリとローターの破片は周辺の民家二九戸、車両三三台に文字通り突き刺さった。ただし、ヘリの乗組員三名は負傷したが、大学が夏休みだったこともあり死者や負傷者はいなかった。

事故直後、約一〇〇名の米兵が、普天間飛行場と大学を隔てるフェンスを乗り越えて大学構内に無断進入する。宜野湾市消防本部が、米軍よりも早く大学に到着して消火活動にあたり、ヘリの乗組員を軍病院に搬送していたが、米軍は消火に成功した市消防本部を立ち退かせ、道路も含めた事故現場一帯を封鎖した。

沖縄国際大学の教職員、事故を把握すべき宜野湾市と沖縄県の責任者、現場検証や事故処理を担当する沖縄県警、事故について米側と協議する立場の外務省の担当者のだれもが、一週間もの間、米軍によって現場への立ち入りを禁止された。例外は、大学構内に宿営する米兵から注文を受けたピザ屋の配達員だけだった。

米軍は単独でヘリ機体の残骸や破片、部品とともに機体の油などが付着した大学の木や土を回収し、機体に使用されていた放射性物質の影響を検証した後でひきあげる。米軍側は、日本側にヘリの乗組員の氏名を明かすことも拒んだ。

訓練から事故対応までに至る米軍のこれら一連の行動はすべて、日米地位協定にもとづいている。

日米地位協定は一九六〇年一月、新日米安全保障条約（以下、日米安保条約）とともに調印された。それ以前の日米行政協定が改定されてできた在日米軍に関する取り決めである。二つの協定とも、米軍が日本に駐留できるように①基地の使用、②米軍の演習や行動範囲、③経費負担、④米軍関係者の身体の保護、⑤税制・通関上の優遇措置、⑥生活などに関する諸権利を保証するものだ。

在日米軍は日米地位協定を根拠に、沖縄国際大学の事故と同様の対応を繰り返してきた。

近年では、二〇一七年一〇月に沖縄県東村高江《ひがしそんたかえ》の民有地で沖縄国際大学に墜落したのと同型のヘリが不時着、炎上した事故でもそうだった。

なぜ日米地位協定は、在日米軍にこのような幅広い行動の自由を与えているのだろうか。その起源は、一九四五年の敗戦で米軍の占領下に置かれた日本が、五一年にサンフランシスコ講和条約を締結する際、独立後も引き続き米軍の駐留と基地の使用を認める日米安保条約と日米行政協定を結んだことにある。

占領期とほぼ変わらぬ米軍の特権や日本側の経費負担などを定めた日米行政協定は、一九六〇年の安保改定のときに日米地位協定へと全面的に改定された。これによって、北大西洋条約機構（NATO）地位協定と同じ水準の規定や、日本側の防衛分担金の廃止などが実現した。しかし、在日米軍の既得権益の両柱である基地の管理権と裁判管轄権・捜査権については、日米行政協定の内容が日米地位協定へと実質的に引き継がれている。

日本政府は日米安保条約改定が実現した一九六〇年以来、日米地位協定が「NATO並み」の内容であり、米国のほかの同盟国と比べて不平等ではないと主張してきた（ただし、二〇一八年に入ってから、安倍晋三内閣は「NATO加盟国間の相互防衛の義務を負っている国と、それと異なる義務を負っている日本の間で地位協定が異なるということは当然あり得る」と、政府見解を一部変更した）。米軍関連の事故や事件のたびにわき上がる日米地位協定への批判に対して、日本政府は「運用の改善」で対応するという姿勢で一貫している。その結果、日米地位協定は半世紀を経てもなお、一度も改定されずに今日に至っている。

だが、日米地位協定が「NATO並み」だという主張は、条文の文言については当てはまるが、実際の運用には当てはまらない。日米安保改定の際に日米両政府が別途作成し、長らく非公開だった「日米地位協定合意議事録」では、日米行政協定と変わらずに米軍が基地外でも独自の判断で行動でき、米軍の関係者や財産を守れる旨が定められているからだ。日米地位協定は、条文ではなくこの合意議事録にもとづいて運用されてきた。ここに最大の問題がある。

日米地位協定への批判は、より対等な改定の要求へと結びついてきた。だが、二一世紀初頭まで非公開だった日米地位協定合意議事録に従って運用されてきた事実は、日米地位協定の改定によって問題は解決されないことを意味する。したがって、日米地位協定を論じるのであれば、改定に消極的な日本政府の安全保障政策のあり方や、その根幹にある駐軍協定としての日米安保条約の側面にも本来は目を向ける必要がある。

そこで本書では、在日米軍の駐留という視点から、戦後日米関係の歴史を振り返ることによって、日米地位協定について理解することを目指す。

日米安全保障条約に対する、両国の軍事協力関係を強調した「日米同盟」という呼称は、一九八〇年前後から政治の場に登場し、いまや定着している。だが本書は、日米同盟の原点である米軍の日本駐留を考えることで、日米地位協定の本質についても考える。

＊

本書の構成をあらかじめ述べておく。

第1章では、一九五二年にサンフランシスコ講和条約によって日本が独立を回復する際、占領国から同盟国へと肩書きを付け替えた在日米軍が、日米安全保障条約と日米行政協定によって、占領時代の地位と権利をどのように引き続き確保したのか振り返る。

第2章では、一九五〇年代末から六〇年にかけて行われた日米安保条約改定交渉を通じて、この条約を補完していた日米行政協定がどのように議論され、いかなる過程を経て日米地位協定へと全面改定されたのかを見る。当時の岸信介内閣は当初、日米行政協定の全面改定を予定していなかった。だが、政権与党である自民党内の派閥抗争や、米国駐日大使館の側面支援によって、新しく日米地位協定が成立する。現在にまで続く日米地位協定の運用の問題が、いかにして生まれたのかを紐解《ひもと》きたい。

第3章では、日米地位協定の規定上の欠陥が明らかになったにもかかわらず、日本政府が地位協定上の対応を行わなかったことを取り上げる。これは、一九六〇年前後から日本の空を飛び始めた米軍のジェット機が、ヴェトナム戦争の本格化に従い事故を頻発させるようになって露呈した。日本政府は、一九六〇年代から七〇年代にかけて米軍の訓練を規制するのではなく、基地周辺の住民の移転や補償、都市部の基地の整理縮小による解決策を取る。NATO諸国と比較しながら、その理由を探る。

第4章では、必要となれば沖縄のどこにでも基地を設置して使用できる米軍の既得権益に迫る。とりわけ、沖縄の日本への施政権返還が決まった一九六九年以降も、その権益を維持できた理由を、新史料をもとに解明する。日米地位協定の適用にあたっては、特定の施設・区域を日本側から在日米軍に提供することが前提となっている。しかし、日本政府は最終的に米国側の要求で、非公表の五・一五メモによる合意のもと、返還後、米軍が必要とすれば民用地も訓練で使用できるという占領統治下の状態を引き継いだ。

第5章では、一九六〇年代半ばからヴェトナム戦争に全面的に介入した米国が疲弊し、同盟国として日本に在日米軍関係経費の分担を求めていく軌跡を描く。日米地位協定に規定のない「思いやり予算」の誕生後も、対日貿易赤字が悪化するなかで、米国は同盟関係を名目に日本側の負担増を求め続け、それは冷戦終結後も変わらなかった。ここでは、全体像が見えにくい在日米軍関係経費が現在に至るまでどのような内訳からなり、どの程度の規模の予算額となっているのかを明示する。

第6章では、日米地位協定が他国と比較して不平等だという批判への検証もかねて、米軍地位協定の国際比較を試みる。特に、日本と同じ第二次世界大戦の敗戦国であるドイツとイタリアの地位協定運用を取り上げる。両国は冷戦終結とNATOの役割の変化をすかさずとらえて、駐留軍に関する地位協定の改定交渉を成功させたが、既存の議論でいわれているほどには自国に有利な改定を実現していないことも指摘したい。

他方で、ドイツ・イタリアと比較すると、日本が冷戦終結後もそれ以前と変わらない同盟のあり方を望み、維持してきたのはなぜかという疑問がわいてくる。

第7章では、米兵による沖縄での犯罪が繰り返し起こるなか、冷戦終結後に日米地位協定の問題が政治争点化したとき、日本政府が、この問題をどう収束させようとしたのかを検証する。一言でいうと、日米安保条約の存続に危機感を抱く日本政府は、日米地位協定の問題を「沖縄基地問題」として矮小《わいしょう》化することで解決を図った。それに対して沖縄県は現在に至るまで、問題の抜本的解決を求めて地位協定改定を繰り返し要望することになる。

終章では、日米地位協定の起源と歴史をふまえ、現状への批判を国際的に比較しながら考察したうえで、日米地位協定のこれからのあり方を考えてみたい。

目次

日本本土の米軍施設・区域

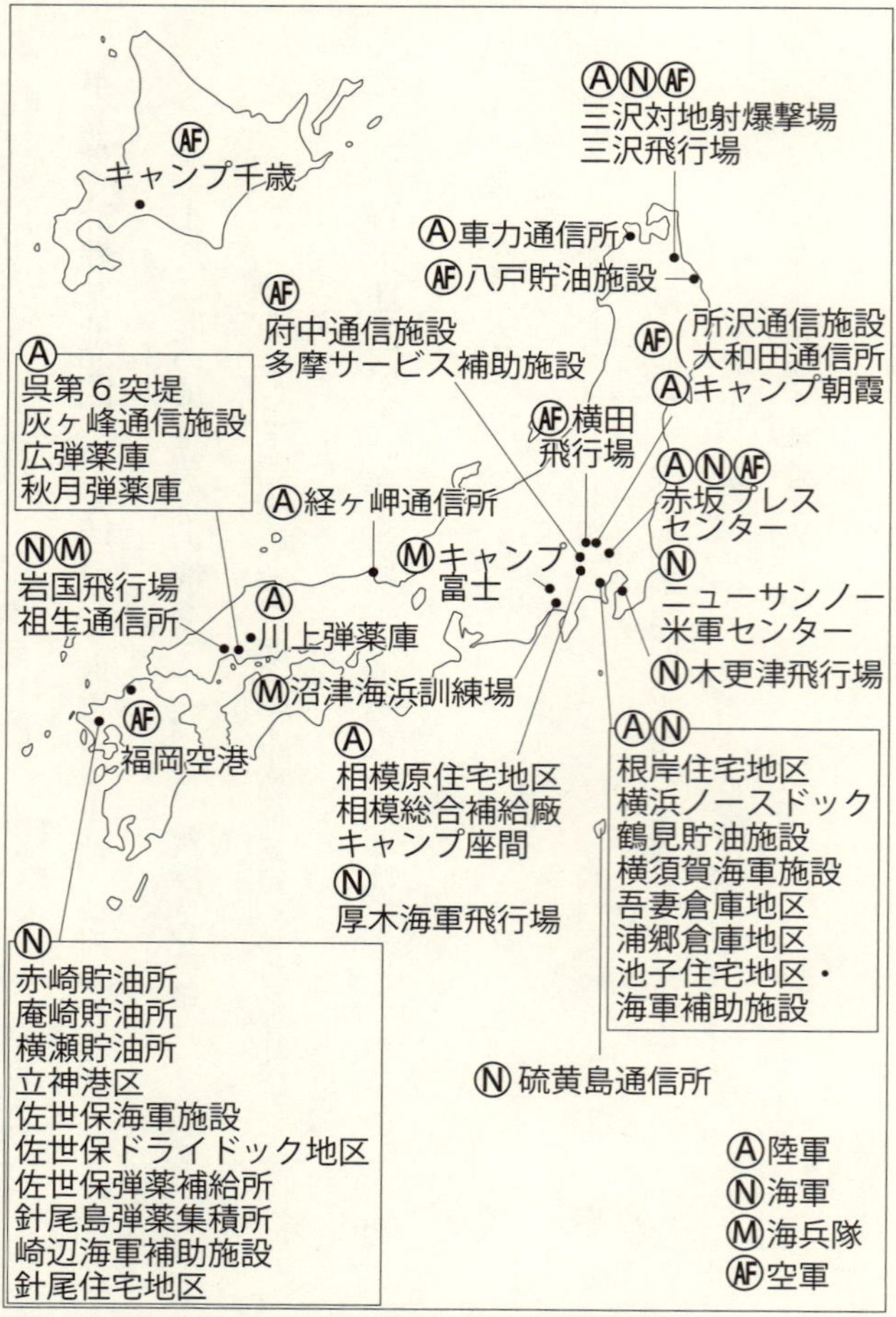

出典：梅林宏道『在日米軍』（岩波新書，2017年）を基に筆者作成

沖縄本島周辺の米軍施設・区域

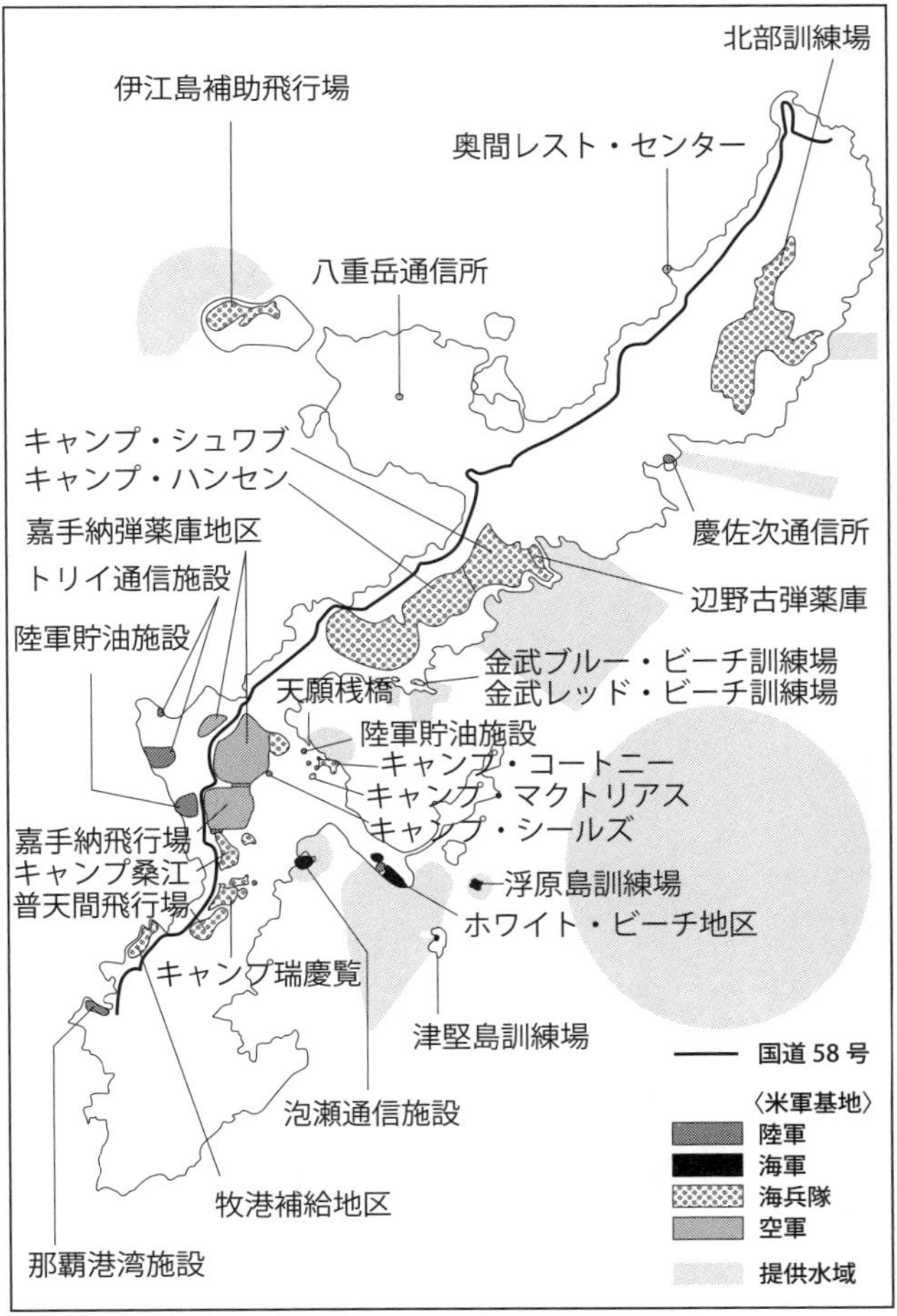

出典：櫻澤誠『沖縄現代史』（中公新書，2015年）を基に筆者作成

日米地位協定

在日米軍と「同盟」の七〇年

凡例

・引用文中の旧漢字は新漢字に、旧かなは新かなに、カタカナはひらがなに改めた。また句読点を補ったところがある。

・〔　〕は筆者による補足である。

第1章　占領から日米安保体制へ――駐軍協定

占領軍の実態

日本の戦後は占領から始まった。

一九四五年八月三〇日、神奈川県厚木飛行場に降り立ったダグラス・マッカーサー連合国軍最高司令官は、現在に至るまで日本の戦後の象徴的人物である。マッカーサー率いる連合国軍は当初は横浜を拠点としたが、九月一七日には日本政府の抵抗を押し切って東京に進駐し、皇居前の第一生命館に司令部を置くと、一〇月から日本の非軍事化と民主化改革を強力に推し進めた。

連合国軍といっても、対日占領政策を決めていたのは実質的に米国一国であり、政策の実行は米国陸軍元帥でもあるマッカーサーの采配次第だった。彼は自身の信念に従い、外交を担い占領行政にも助言を与えるべき国務省の担当者を政策決定から締め出し、しばしば本国のハリー・トルーマン政権の指令から逸脱した政策を行う。

一九四五年末の時点で、日本本土には約四三万人の米軍が駐留していた。米軍と英連邦軍からなる占領軍は一九四〇年代後半までに、旧日本軍の軍用地の三〇〇〇平方キロメートル弱のうち四五六平方キロメートル程度を接収した。

一九五〇年六月に朝鮮戦争が勃発すると、米軍は日本本土を経由して朝鮮半島に出撃する。それにともなって占領軍は大規模な土地接収を行い、一九五二年四月のサンフランシスコ講和条約発効時点で、一三五二平方キロメートルにものぼる土地が占領軍の管理下に置かれることになった（『軍用地と都市・民衆』）。

占領軍による軍用地の拡大は演習場の周辺拡張が多く、民用地も強制的に接収される。占領軍批判が禁じられ表立った反対運動はなかったものの、住民の強い反発を招いていた。

また、米兵による日本人への犯罪も日本人の占領軍に対する反発を深めた。マッカーサーが日本に到着した日、最初の占領軍による強姦事件が発生している。横須賀に上陸した米海兵隊員二人が、白昼の横須賀市内で「検索」と称して民家に侵入、三六歳の母親と一七歳の娘を強姦したのである。占領軍の圧力や検閲によって、強姦や金銭・物品強奪などの占領軍犯罪に関する捜査や報道は止められたが、一ヵ月間で六〇〇件を超える米兵犯罪が日本政府から連合国軍司令部に報告されたこともあった（『敗戦前後の社会情勢　第七巻』）。

朝鮮戦争が始まると、米兵による強盗、強姦、憲兵への抵抗・暴行などが深刻化する。防衛施設庁資料によれば、日本が独立を回復した一九五二年には、一年間で六〇〇〇件弱の米兵犯罪が日本本土で起こり、死亡者は一一四人にのぼった。朝鮮戦争休戦協定が七月末に成立した翌一九五三年も、米兵によって七〇一〇件、死者一〇三人の犯罪が起きている（『米軍基地の歴史』）。

米軍の駐留と講和条約の条件

それでも、日本政府にとって米軍の日本駐留は必要であり、占領終了後も継続されることが望ましかった。

一九四六年から五四年までのほとんどの期間、首相の地位にあった吉田茂は、一九五〇年春までに、非軍事化と戦争放棄を定めた日本国憲法九条を受け入れた日本は、米軍への基地提供によって国家の安全保障を確保するしかないと確信していた。一九四九年の中国の共産化と翌五〇年の朝鮮戦争勃発は、吉田をはじめとする日本の保守政治家たちに、共産主義勢力の脅威を強く意識させ、抑止力として米軍駐留を望ませたのである。

さらに、一日でも早く有利な条件で講和条約を締結して独立を回復し、国際社会に復帰するためにも、米軍駐留を引き続き認める必要があった。その背景には、対日講和方針をめぐる米政府内の国務省と国防省・軍部との深刻な対立が存在した。

米国務省は、毛沢東の共産党が国民党との内戦に勝利し、一九四九年一〇月に中華人民共和国を建国したことによって東アジア政策を再考した。民族主義が共産主義と結びつきやすい東アジアで、日本の共産化を防ぎ安定した親米政権をつくるため、日本の早期講和を支持するようになる。

他方、米軍部は中国の共産化から異なる教訓を引き出した。膨張する共産主義勢力に対抗すべく、日本独立後も本土に米軍を駐留させ、沖縄などの南方諸島は米軍の排他的統治のもとに置くという立場をとり、講和交渉は時期尚早だとした。

国務省は軍部の戦略上の主張には一定の理解を示した。だが、国際連合の場でソ連などから植民地支配との非難を浴びぬよう、日本本土への米軍の継続的駐留は日本自身の同意が条件だとする。そのため、軍部と講和方針で折り合えない状態が続いた（『吉田茂と安全保障政策の形成』）。

ディーン・アチソン国務長官は、対日講和の最大の抵抗勢力はソ連でも日本でもなく軍部を統括する国防省だったと回想している。トルーマン大統領は国務省に全幅の支持を与え、記者会見で対日講和の責任は国務長官にあると明言するなどアチソンを助けた。だが、最終的に講和条約の条文が確定し、サンフランシスコで講和会議を開催するため関係国に招待状が送られた後でも、国務省と軍部の対立は続いた。なお講和を遅らせようとする軍部の抵抗は強く、対日講和方針の多くで国務省は譲歩を余儀なくされていく（『アチソン回顧録』）。

米国政府内の対立を知った吉田は、一九五〇年四月末、腹心の池田勇人蔵相を密使として訪米させる。池田には、講和後も「アメリカの軍隊を日本に駐留させる必要があるであろうが、もしアメリカ側からそのような希望を申出にくいならば、日本政府としては、日本側からそれをオファするような持ち出し方を研究してもよろしい」というメッセージが託されていた。日本政府が初めて講和条約に関する公式見解を表明したものだった。

その後、吉田のこの意思を本国から伝えられたマッカーサーが国務省と軍部の調停に乗り出し、講和交渉はようやく動き出す（『日米同盟の絆』、"To Base or Not to Base?"）。

日米安全保障協定案——日米行政協定の起源

他国の軍隊が平時も常駐することは、第二次世界大戦以前は植民地と保護国でのみ見られた。独立後も米軍が日本に駐留する場合の問題は、いかに日本の主権と両立させるかであった。また、米軍の常駐がソ連を刺激する可能性や憲法九条の理念に反していることも問題だった。

さらには世論の反発である。一九五〇年一月一五日、和辻哲郎、丸山眞男など多数の著名な学者が作成・発表した「講和問題についての平和問題談話会声明」は、講和後の「中立不

ジョン・F・ダレス国務省顧問の来日，1951年1月25日　出迎えるのはマッカーサー元帥

可侵」や「如何《いか》なる国に対しても軍事基地を与えることには、絶対に反対」と表明していた。平和問題談話会声明は日本国内で広く支持される。

一九五〇年六月に朝鮮戦争が勃発し、マッカーサーが警察予備隊設立を命じたとき、再軍備への世論の賛成は過半数を超えていた（一九五〇年一一月一五日の『朝日新聞』世論調査）。だが同じ世論調査で、米軍への基地提供に反対する意見は三七・五％と賛成の二九・九％を上回っていた。

日本政府は、講和交渉にあたって二つの方針を立てた。①講和条約に米軍の駐留を書き込まないこと、②国民が受け入れられるような米軍駐留の内容にすること、である。①について日本側は米国側に、講和条約本体とは切り離して、日本防衛とひきかえに米軍に基地を提供することを明記した日米二国間の協定作成を求める。基地の提供は対等な主権国家同士の取り決めにもとづく、という体裁を重視したのだ。

一九五一年一月二五日、トルーマン大統領から対日講和交渉担当に任命された、ジョン・

F・ダレス国務省顧問率いる交渉団が来日する。日本政府はこのとき、「日米安全保障協定」（以下「協定」）案を提出した。これがのちに日米安保条約と日米行政協定の二つに分かれて成立することになる。

日米行政協定の交渉過程を先走って記せば、「協定」案提出を皮切りに一九五一年一一月末まで断続的な予備交渉、五二年一月末から二月末まで本交渉、そして五三年八月半ばから九月末まで再交渉が行われる。

「駐留」明記を避けたい日本

話を一九五一年一月に戻す。日本の「協定」案の第一項は「米国の責任」として、米国が「日本の平和と安全が太平洋地域、とりわけ米国の平和と安全と不可分の関係にあることを認め」、「日本の平和と安全とを維持する責任を共に負う」ことを規定した。そして、「国際連合が日本に対する侵略行為の存在を認定した場合には、米国はただちに侵略に対応するため、すべての必要な措置をとる」よう定めた（『調書Ⅳ』付録九）。

国連の集団安全保障と米国の対日防衛義務を結びつけたのは、「協定」に国際的正統性を与えようとする外務省のアイデアで、朝鮮戦争よりも早い一九五〇年春に構想されていた（『吉田茂と安全保障政策の形成』）。

また、「協定」案は、第四項で「米軍の駐留」として「日本は、米軍が日本の領域内に駐留することに同意する」としたうえで、第七項に「駐留軍の地位」という規定を置き、次のように定めていた。

日本に駐留する米軍には、平時外国に駐留する一国の軍が国際法上通常享受する特権および免責が適用される。この点について将来の対立を回避するため、委員会〔この後で設立が合意される日米合同委員会のこと〕は、ただちに、特権、免責そして軍駐留に付随する諸事項について、明確な取り決めを策定する。

（『調書Ⅳ』付録九）

この条文の狙いは、在日米軍が日本の独立回復後も占領軍時代と変わらぬ地位と特権を維持する印象を、国民に与えないことにあった。そのため、委員会を設けて駐留軍の地位と特権について話し合う代わりに、「協定」には日本政府が駐留軍に与える特権を明記しないよう求めたのだ。これが日米合同委員会の起源である。

日米合同委員会とは日本政府の代表と米国駐日大使館、在日米軍の代表が出席し、議事録の非公開を原則として在日米軍に関する話し合いを行う場である。また合意内容の公開は、日米両政府の判断による。

とはいえ繰り返すが、平時に他国の軍隊が常駐する同盟のあり方は第二次世界大戦以前にはなかった。「国際法」を適用すると書いたものの、日本政府が参照できる先例は一九四九年に発足した北大西洋条約機構（ＮＡＴＯ）しか存在しなかった。しかし、日本政府が「協定」案を米国側に提示した一九五一年二月時点では、六月に締結されるＮＡＴＯ軍地位協定の条文を入手できていなかった（『サンフランシスコ平和条約・日米安保条約』）。

外務省が参照したのは一九四七年に米国とフィリピンの間で結ばれた基地協定である。その内容は有事・平時の区別のない米軍による基地の自由使用や、米兵犯罪に関する裁判管轄権がほぼ米国側にあること、九九ヵ年の協定期限など、米軍に一方的な便宜を与える不平等協定だった（『歴史経験としてのアメリカ帝国』）。外務省は、米比基地協定のような基地協定にはしたくないとの思いだった。

米国の対案、日米行政協定へ

米国は、日本案提出の翌日の一月二六日に対案を提示する。

そこでは、日本占領中に使用していた基地を日本独立後も引き続き米軍が独占し、米軍が要求すればその区域を拡大できることや、日本側は米兵・軍属およびその家族に対する刑事裁判権を持たないことが明記されていた。米軍が緊急事態だと判断すれば日本政府と協議のうえで、戦闘作戦のため日本全土で自由に行動できることや、警察予備隊（のちの自衛隊）を実質的には米軍である「統一司令部」の指揮下に置くことも記されていた。

さらに、駐留米軍は日本政府から要請されれば日本国内の治安維持に干渉できることになっていた。いわゆる内乱条項である。

この米国案を手渡したのはダレスだが、原案を作成したのは主に陸軍省占領地域担当特別補佐官のカーター・マグルーダー少将だった。国務省よりも国防省の意向が反映された内容といえる（「行政協定の作成過程」）。

外務省条約局長として講和交渉を担当した西村熊雄《にしむらくまお》は、「駐屯軍の特権的権能があらわに表示されているため一読不快の念を禁じえないものであった」と回想している。日本側は米国案の修正案を提出して、「協定」本体には日本政府が駐留軍に与える特権を明記せず、別途取り決めることを再度求めた（『調書Ⅳ』）。

ダレスは日本側の要望を汲《く》んで二月六日、修正した「協定」案と別途作成した日米行政協定案を提示する。ここで初めて、日米安保条約とは別個に在日米軍の地位と特権を定めた日米行政協定が生まれたのである（『調書Ⅳ』付録三三）。

国務省と国防省の対立

日本は一九五一年三月中旬、次のような要望を米国に行う。

一つには、米国側の裁判権を、米軍関係者が米軍基地内で犯罪を起こした場合や基地外でも公務中だった場合に限ること。もう一つは、駐留米軍の法的地位、米軍駐留費、「委員会」に関する規定を行政協定案ではなく安全保障協定に移すことなどである。しかし米国は、講和条約の交渉に集中したいとして日本の要望にすぐには対応せず、最終的には後者の要望を却下する（『サンフランシスコ平和条約・日米安保条約』）。

米国が即応しなかったのは実は、講和条約交渉への集中以上に大きな問題があったからだった。それは、ダレスが日本政府との交渉を通じ、米統合参謀本部に無断で日米行政協定案を作成したことによる。米統合参謀本部はそれに反発、日米行政協定案について彼らも検討できるよう要求した。統合参謀本部とは、陸・海・空三軍（のちに海兵隊が海軍から独立して四軍）の司令官経験者から選出された議長・副議長と、各軍の代表によって構成された組織である。

統合参謀本部は半年近くかけて、ダレスの日米行政協定案を徹底的に見直した。その間、ダレスは対日講和交渉をまとめ上げ、一九五一年九月八日にサンフランシスコで講和条約と日米安保条約の調印に至る。日米安保条約の全五条のうち、第三条では「アメリカ合衆国の軍隊の日本国内及びその附近における配備を規律する条件は、両政府間の行政協定で決定する」とされ、日米安保条約を補完するものとして、駐留米軍の地位と特権を取り決める日米行政協定が明記される。

サンフランシスコ講和条約と日米安保条約の調印まであと約二週間と迫った八月八日、統合参謀本部は日米行政協定の修正案を国務省に提出する。統合参謀本部案は、日本人が「征服された東洋人」（*FRUS, 1951, VI, PART I*, 702）であることと朝鮮戦争中であることを理由に、日本側に何の裁量も認めない内容となっていた。「米軍の特権」については「国際法上通常享受する特権および免責」という留保が削除され、米兵・軍属とその家族に関する日本の裁判権は一切認めないとしていた。

国務省は、日本独立後も米軍が占領時代と何一つ変わらぬ振る舞いを続けようとする統合参謀本部案に激怒する。同省は、トルーマン大統領やダレス国務省顧問などトップ・レベルでの協議が必要と考えて、日米行政協定の原則とすべき点を以下の五つにまとめた。①駐留軍の地位は占領時と異なる、②駐留軍の規模は最小限とする、③都市部への駐留を避ける、④裁判管轄権はNATO並み、⑤日本を対等に扱うというものだ。

なお、②③については、日米行政協定では原則だけを規定し、実際に朝鮮戦争終結まで使用する基地と終結後も使う基地についての決定は、「委員会」で決定することが想定された（*FRUS, 1951, VI, PART I*, 763）。最終的には米軍部も、必要となる基地は状況に応じて変わるという理由でこの原則に合意することになる。

ダレスは国務省の原則をふまえ、トルーマンとロバート・ラヴェット国防長官に対して、日本が被占領国から主権国になったことが明確にわかるような日米行政協定こそが最も重要なのだと力説した。ダレスはさらに、日本人が自発的に米国に協力してくれることが大事なのであり、最悪の事態を想定して在日米軍の治外法権など明記するのは自滅行為だと、大統領と国防長官を「教育」しようと試みた。

リッジウェイの介入とトルーマンの決定

だが、国務省の敵は統合参謀本部や国防省だけではなかった。一九五一年四月からマッカーサーの後任として連合国軍最高司令官を務めていたマシュー・リッジウェイは、朝鮮戦争が続くなかサンフランシスコ講和条約発効後も、在日米軍および基地はむしろ増やすべきだと主張する。リッジウェイは、朝鮮戦争が終結しても日本への脅威は低下しないとも言った。しかもリッジウェイは、国務省を排して自身が日本政府と日米行政協定交渉を行おうとする。

サンフランシスコ講和条約調印から一ヵ月後の一九五一年一〇月、吉田首相は連合国軍司令部に対して、司令部の東京都心からの移転を要請した。合わせて、占領中に接収された横浜などの港湾施設や倉庫、商業ビル（第一生命館や明治生命館など）、ホテル（帝国ホテルや第一ホテルなど）、病院（聖路加国際病院や同愛記念病院など）、百貨店（そごうや松屋など）、娯楽施設（両国国技館や神宮球場など）、大学、住宅などの返還を求める（*FRUS, 1951, VI, PART I*, 786）。これに対してリッジウェイは、日本政府や米国駐日大使館との連絡が必要なので、司令部は引き続き東京に置くべきだと主張していた。

結局、国務省と国防省との間の議論を経て、在日米軍増強の主張は非現実的であり現状使用している基地の返還を「委員会」で話し合うこと、リッジウェイを日米行政協定交渉に参加させないことなどを決定する。司令部も移転が前提とされ、司令部が置かれていた第一生命館は一九五二年九月に返還されることになる（*FRUS, 1951, VI, PART I*, 787）。

他方で日本政府は、一九五一年六月にNATO軍地位協定が調印されると協定文書を入手、それをもとに一一月末、日米行政協定では基地や米軍駐留費、「委員会」などについて取り決め、別途「駐留軍の法的地位に関する協定」でNATO並みの裁判管轄権を定めるという案を米国に渡した（『サンフランシスコ平和条約・日米安保条約』／*FRUS, 1951, VI, PART I*, 786、付録二）。

NATO軍地位協定は、基地内外にかかわらず加害者が米兵・軍属の場合、①アメリカ人同士の犯罪、②公務中の犯罪のみ米国に一次裁判権を認め、そのほかはNATO諸国に一次裁判権を認めるとしていた。

また、米国とNATO加盟国が互いの要請に「好意的配慮」を示せば、自国の裁判権を放棄して相手国に裁判権を譲ることができた。ただし実際には、「好意的配慮」は米軍がNATO加盟国に裁判権を放棄させる名目として使われることになる。

国務省は日本側の要望を受け入れて、一つは、NATO軍地位協定と同等の裁判管轄権を日本に認め、もう一つには、在日米軍駐留費のうち給与や装備は米国の負担とし、日本には基地の提供と年一億五五〇〇万ドルの負担（防衛分担金）を求めるなどを国防省に提案した。国防省は後者には同意したが、前者について断固反対したため、最終的にトルーマン大統領の裁決を仰ぐ。トルーマンは、日本にもNATO並みの裁判管轄権を認めるよう指示した。

ただし、在日米軍の意識を占領軍から同盟軍へと切り替えるための猶予期間として、NATO軍地位協定が一九五三年に発効するまでは米国が米兵らの刑事裁判権を持つとし、サンフランシスコ講和条約発効の一年後には、日本政府が望めば裁判管轄権について再交渉するなどが決められる（*FRUS, 1952-54, XIV, PART II*, 483）。

日米行政協定締結――岡崎・ラスク交換公文の問題点

一九五二年一月末、ディーン・ラスク国務次官補が来日し、日米行政協定の本交渉が始まった。国防省や統合参謀本部との調整が難航した経緯から、ラスクは正式な米国案を日本に提示する際、本質的な修正は難しいことを強調する（*FRUS, 1952-54, XIV, PART II*, 481）。

しかし、交渉直前に日本政府に渡された米国案には、日本側から見ると占領期と変わらない米軍の特権を認める規定が複数含まれていた。その最たる例が第二条である。ここでは、講和発効後九〇日以内に占領軍は退去するというサンフランシスコ講和条約第六条に反して、米軍が継続使用したい基地や施設について講和発効後九〇日以内に日米合同委員会で協議し、その間に両国の合意が成立しない場合には暫定的に使用できると規定されていた（『調書Ⅷ』「行政協定の締結　交渉経緯」）。

日本政府は、一九五二年四月の講和発効と同時に占領軍が接収した基地や施設を返還させ、あらためて日本から在日米軍に基地を提供する形をとるよう修正を求めた。だが結局、日米行政協定本文では、日米合同委員会における両国の合意を基地提供の原則とし、委員会で合意が成立するまでの間は現状の米軍基地や施設が継続利用できることになる。これは、岡崎勝男外相とラスク国務次官補との間で別途、交換公文を取り交わす形となった（『調書Ⅷ』「行政協定の締結　交渉経緯」）。

交換公文とは、条約と異なり国会の批准を必要としないが、条約に準ずる効果を持つ政府間の合意である。なお、協定は条約と効力が変わらないとされており、また、のちの日米地位協定や沖縄返還協定は条約同様に国会で審議されているが、吉田内閣は日米行政協定の調

日米行政協定の締結，東京，1952年２月28日　ディーン・ラスク国務次官補（左中央）と握手する岡崎勝男外相．全29条，在日米軍に関する細かい規定が記されていた

印時、国会で審議を行わなかったために野党から厳しい批判を浴びた。

この岡崎・ラスク交換公文の問題点は、日本側が基地や施設の返還を要請しても米国側は拒否すれば引き続き使用でき、しかも使用の期限がないことである。その結果、東京都六本木に所在する米軍施設である赤坂プレスセンターのように、占領から二一世紀の現在に至るまで米軍が返還を拒否して使い続けている場所が存在することになる。

また日本は、第一七条の裁判管轄権についても修正を求めた。一九五三年にＮＡＴＯ軍地位協定が発効するまでの間、家族も含めた米軍関係者の犯罪に関する刑事裁判権が日本側に一切許されなかったからだ。日本は、サンフランシスコ講和条約発効と同時に日本側に裁判権が認められるべきだと主張した。だが米国は譲歩せず、日本はNATO軍地位協定発効後の再交渉に望みをつなぐしかなかった（『調書Ⅷ』「行政協定の締結　交渉経緯」）。

こうして紆余曲折を経て、一九五二年二月二八日に東京で日米行政協定が岡崎勝男外相とラスク国務次官補との間で調印され、同年四月二八日に講和条約および日米安保条約と同時の発効となった。日米安保条約は全五条のシンプルなもので講和後の日本に米軍が駐留する法的根拠を定めた。これに対して、全二九条の日米行政協定は、細かい記述が多く実際に駐留米軍が得られるものとできること、そのための日本側の協力を規定した。

NATO軍地位協定の発効

一九五三年に入ると、米大統領がドワイト・アイゼンハワーに代わり、ダレスは国務長官に就任した。日本は引き続き吉田内閣である。日本政府は三月半ばから、NATO軍地位協定批准の見通しをたびたび国務省や米国駐日大使館に問い合わせた。日米行政協定第一七条の再交渉日程を決めるためだ（『日米安全保障条約関係一件　第三条に基く行政協定関係　刑事裁判権条項改正関係』第一巻）。

しかし、米議会上院での審議が難航してNATO軍地位協定の批准は長引いていた。一部の共和党議員から、米兵・軍属とその家族に対する裁判権は米国のみに帰するべきだという要求が出ていたからだ。

この要求が否決され、NATO加盟国に裁判権を放棄させるように米軍・外交当局が最大限の努力をするという条件つきで、NATO軍地位協定が上院で可決されたのは七月半ば、同協定が発効したのは八月二三日のことであった。

外務省は、サンフランシスコ講和条約発効から一年後に再交渉の申し出ができるという取り決めに従って、講和条約発効一年の二週間前の一九五三年四月一四日に再交渉の申し入れを行った。そのうえで、NATO軍地位協定の裁判管轄権規定に準じた「行政協定第一七条を改正する議定書」案を提出した。米国側が同案への対案を提示してきたのは、NATO軍地位協定発効の直前の八月半ばだった。

裁判管轄権の再交渉

米国が対案に四ヵ月もかけたのは、やはり国務省と国防省との対立が原因だった。統合参謀本部は一九五三年二月、NATO加盟国以外と締結する地位協定では米国のみが米軍関係者に対する裁判権を持つよう、国防長官に要請していた（『米軍基地の歴史』）。日本にNATO並みの裁判管轄権を認めたトルーマン前大統領の決定を覆す要請である。米議会が八月にNATO軍地位協定を批准した際、米兵犯罪に関する一次裁判権確保の努力を義務づけたことが、統合参謀本部に有利に働いていた。

その結果、米国が日本に提示した第一七条改正案は、米国側が一次裁判権を持つ公務中の米兵・軍属の犯罪について、公務中か否かの判断は米軍が下すこととなっていた。米軍が常に被疑者は公務中だったと主張できる規定である。米兵・軍属の家族による犯罪に対しても、米国が裁判権を持つことになっていた。いずれもNATO軍地位協定に存在しない内容だった。

また米国案では、日本に一次裁判権がある米兵犯罪でも、「日本にとって特に重要な」事件を除いて日本が裁判権を放棄するよう規定されていた。これは一九五四年以降、米国がオランダや西ドイツなどのNATO加盟国との間で締結する協定の内容を先取りしていた。米軍受入国に一次裁判権をあらかじめ一括放棄させる取り決めで、のちに「オランダ方式」とも呼ばれる。

さらに米国は、日本側が裁判権行使の意思を通告しなければ裁判権放棄と見なすこと、通告の方式は日米合同委員会で決定することを要求した。

なお、米国は日米合同委員会で、軽微な罪は犯罪通知から一〇日以内、殺人、強盗、放火、強姦など重大犯罪は二〇日以内に裁判権行使の意思を相手に通告しなければ、自動的に裁判権を放棄したと見なすことを主張する。しかも、逮捕された米軍関係者の身柄は米軍に引き渡すことが前提だった。日本は最終的にこれらの要求を認める。日本当局は基本的に、米軍関係者に対する取り調べができないまま、短期間で訴追の判断をしなければならなくなる（『米軍基地の歴史』）。

第一七条の修正へ

このように「NATO方式を逸脱」し「原則と例外を顚倒《てんとう》」させて、「今回の改訂を実質的にほとんど骨抜きにせんとする」米国案に対する日本政府内の批判は強かった。とりわけ法務省は、「行政協定改訂の意義を没却するもの」と厳しく批判する。外務省は、米国とNATO並みを主張して譲らない法務省との間で板挟みとなった（『日米安全保障条約関係一件第三条に基く行政協定関係　刑事裁判権条項改正関係』一巻）。

外務省の三宅喜二郎《みやけきじろう》参事官は、ジュールス・バッシン駐日大使館法律顧問と協議を重ねた。バッシンは、日本側が「特に重要な」事件以外での一次裁判権の不行使を文書ではなく口頭の声明で約束し、それを記録に残す方式を提案する。バッシンは、米政府の方針が形式よりも実質重視だと説明した。三宅はバッシンの提案には好意的だったが、一次裁判権の行使をあらかじめ「日本にとって特に重要な」事件に限る点は受け入れられないとした。

するとバッシンは、すでに「NATOの一国」との間でも、相手側に一次裁判権を一括放棄させる協定が成立していると語る。一次裁判権の一括放棄規定が「NATO並み」だと示された外務省は、法務省との協議を経て、日米合同委員会の部外秘声明で、「実質的に重要な」事件以外は、日本に一次裁判権がある米兵・軍属・家族の犯罪で裁判権を行使しない方針を受け入れる。ただし、重要性の判断は日本が決めることも同時に宣言するとした。

他方、米国側に一次裁判権が認められる公務中の米兵・軍属犯罪は、米軍が公務中かどうか判断するという米国案を撤回させる。米軍が提出する公務中の証明書を日本側が証拠として採用することで合意した。また、米兵・軍属の家族が起こした犯罪は米国に一次裁判権があるとした米国案も撤回させた（『日米安全保障条約関係一件　第三条に基く行政協定関係　刑事裁判権条項改正関係』第一巻）。

こうして一九五三年九月二九日、「行政協定第一七条を改正する議定書および同議定書に関する合意された公式議事録」が、日米間で取り交わされた。同議定書は一九五三年一〇月二九日に発効する。

日本政府は日米合同委員会で、日本側に一次裁判権が認められる米軍関係者の犯罪について、日本が「実質的に重要な」事件を除いて裁判権を行使しない方針を表明した。この口頭声明は非公開とされた。

駐留米軍への大きな反発

さて、こうして第一七条の修正が締結直後に行われた日米行政協定だが、先述したように二九条からなっており、米軍の日本駐留の権利のみを記した全五条の日米安保条約とは好対照をなしていた。日米安保条約第三条に、駐留米軍の配備に関する条件は「行政協定で決定する」と規定され、条約の実質部分がすべて日米行政協定の方に移されたためである。

日米行政協定には次の三つの問題点があった。まず、駐留軍の規模や場所、期限についての定めがなかった。ダレスの言葉を借りれば、米国が「日本とその周辺に無制限に米軍を配置する権利」が担保されていた。また、米軍が占領期に有していた特権がほぼそのまま維持された。さらに、第二五条で米軍基地の運輸費、役務費など合わせて一億五五〇〇万ドルを日本が毎年負担することが取り決められた。いわゆる「防衛分担金」と呼ばれるものだ。

そのため日米行政協定は日本国内で大きな反発をもって迎えられた。とりわけ強い批判の対象となったのが、独立回復後も駐留米軍が基地や施設を継続利用できることを認めた、岡崎・ラスク交換公文である。行政協定交渉を担当した西村熊雄外務省条約局長は、次のように回想している。

接収家屋や接収地域が独立回復と同時に返還されることをぎょう〔仰〕望していた当

時の日本人の身になってみれば、交換公文でアメリカがウンといわない限り占領軍の接収使用中の家屋や区域が無限にアメリカ軍隊によって使用される途をひらくものであるから、世人がこれを不満としたのは無理もない。

（『サンフランシスコ平和条約・日米安保条約』）

米軍が接収した全国約七五〇〇弱の基地と約三〇〇〇弱の施設は、講和条約発効にともない返還されるどころか場所によっては拡張する。このことは、全国的な反基地闘争の高揚につながる。最初の大きなものは、石川県内灘《うちなだ》試射場に対する反対運動であった。

反基地闘争の高揚

朝鮮戦争が続く一九五二年九月、日米合同委員会で米軍砲弾試射場として内灘砂丘の接収が決定されると、内灘村議会・石川県議会は反対決議を採択した。当時はいわゆる朝鮮特需で、内灘試射場を提供する見返りに小松製作所に一億ドルの砲弾の受注が約束されていた。そのため、日本政府は四ヵ月間の使用期限を約束することで地元の反対を押し切った。しかし翌一九五三年四月に使用期限がくると、日本政府は漁業補償とひきかえに無期限の継続使用を打ち出す。内灘の住民は座り込みなどによって政府の決定に抵抗したが、最終的にはさらに三年間の使用期間を認めることになった。

一方、一九五三年四月に接収が通告された浅間山・妙義山一帯では、反対運動の激しさから接収が断念された。

他方で、一九五三年初頭に発足したアイゼンハワー政権が、核兵器に依存した安全保障戦略「ニュールック」を採用すると、核搭載可能な大型爆撃機が日本本土にも配備される。そのため、米空軍基地の滑走路拡張が必要となり、翌一九五四年三月の日米合同委員会で、立川・横田・木更津・新潟・伊丹（のちに小牧へ変更）の五ヵ所の基地の拡張を米国は要求する。ここから、軍用地の新たな接収に反対する反基地闘争は全国に広がることになる。

日米行政協定では、米国が要請すれば日本は新たな基地を提供するための検討を行うこと（第二条第二項）、基地の提供や軍用地主への補償は日本政府の負担とすること（第二五条第二項a）が定められていた。したがって、米国の要求に応じて新たな軍用地の接収を実施する日本政府が、反基地闘争の矢面に立った。世論が反基地闘争を支持すれば政権が危うくなりかねなかった。その好例が砂川闘争である。

砂川闘争と鳩山内閣の苦悩

一九五五年五月に立川基地拡張の通告を受けた周辺住民が開始した砂川闘争は、社会党、共産党、労働組合、学生団体の支援を受けて大規模な運動に発展した。一九五四年末に吉田内閣から代わった鳩山一郎内閣は、数度にわたって拡張予定地の測量を強制的に実施した。一九五六年一〇月に行われた測量では、警官約二〇〇〇人とデモ隊約六〇〇〇人が衝突し、双方合わせて約一〇〇〇人の負傷者が出る。デモ隊を暴力によって排除しようと流血の事態を引き起こしたことに対し、新聞各紙は厳しく批判。鳩山内閣は測量の打ち切りを発表せざるをえなくなった。

砂川闘争が注目を集めたのは、反核を掲げた初の反基地闘争という要因もあった。一九五四年三月、米国がビキニ環礁で水爆実験を行った際、第五福竜丸の乗組員が被曝する。その後、東京の市場に放射能の影響を受けた「原子マグロ」が水揚げされ、日本全国で超党派の反核運動が展開されることになる。

砂川闘争はビキニ被曝後の反核運動の影響を受け、住民自ら積極的に反核運動の一環と位置づけた。社会党と日本労働組合総評議会、共産党も、基地拡張で核を搭載した爆撃機が日本本土に常駐すれば日本は核戦争に巻き込まれると主張した（『米国と日米安保条約改定』）。

鳩山内閣には、在日米空軍基地五ヵ所の拡張を実現しなければならない切実な理由があった。鳩山首相は、行政協定第二五条第二項bで米国から日本に課せられた、毎年五五〇億円（一億五五〇〇万ドル）の防衛分担金を二〇〇億円減額し、住宅の建設にあてることを公約にしていた。一九五五年四月、米国が防衛分担金を一年限り一七八億円減額する代わりに、日本は在日米空軍基地の拡張に合意していた（『独立完成への苦闘』）。にもかかわらず、鳩山内閣は横田以外の四ヵ所で基地拡張のための土地接収に失敗する。

一九五三年に大蔵官僚から参議院議員に転身し、のちに首相となる宮澤喜一は、当時の基地問題を回想して次のように述べている。

全国的に云えば、内灘の問題がきっかけとなって、基地問題は潜在的な反米思想の温床となり、それが時として、内閣に対する「なし崩し軍備」の非難と絡まって、サンフランシスコ条約の当時、わずか一年半前には予想もされなかったような方向へ民心を引っぱってゆきつつあった。（『東京—ワシントンの密談』）

国務省の懸念通り、米軍部が日米行政協定によって占領期の既得権益を維持しようとしても、主権を取り戻した日本人の協力がなければ、限界があることが明らかになってきたのである。

第2章　60年安保改定と日米地位協定締結——非公開の合意議事録

ジラード事件

一九五二年四月のサンフランシスコ講和条約発効後、米軍基地以上に日本国内の反米感情をかき立てたのが、頻発する米兵犯罪だった。

「行政協定第一七条を改正する議定書」が発効した一九五三年一〇月末から、五七年五月末までの間に、日本当局が受理した米兵犯罪の数は一万六三一件にのぼった。しかし、日本政府が秘密裡に一次裁判権の一括放棄に合意していたことから、日本当局が起訴したのは、強盗、放火、強姦などの重大犯罪を含めてもわずか二四〇件にすぎない。日本は米兵犯罪の約九八%に関して裁判権を行使しなかったことになる（『米軍基地の歴史』）。

こうした状況のなか一九五七年一月三〇日、群馬県相馬が原演習場（現陸上自衛隊相馬原駐屯地）で米陸軍兵が薬莢《やっきょう》拾いをしていた日本人女性を射殺する事件が起こる。加害者であるウィリアム・ジラード三等特技兵によるこの事件は、ジラードが被害者を呼び寄せて至

ジラード事件，1957年1月　主婦を射殺したウィリアム・ジラード3等兵（中央）．裁判権が日米で争われたが，前橋地裁で執行猶予付き懲役3年の判決．1990年代の外交文書公開で，日本の裁判権を認める代わりに，軽い傷害致死罪で起訴する日米間の密約が明らかに

近距離から撃った残虐性ゆえに日本の世論を激高させた。ジラード事件によって、その前後に起きた福岡県板付基地や北海道千歳基地での米兵による日本人射撃事件も、死者が出なかったものの注目が集まった。

また、ジラード事件の前年に、静岡県東《ひがし》富士《ふじ》演習場で米海兵隊員が薬莢拾いに来た日本人女性を撃って重傷を負わせた事件も、国会であらためて取り上げられる。米兵は不起訴とされていたが、日本政府は事件の再調査を約束する。

事件当時ジラードが公務中だったとして、米軍はジラード事件の一次裁判権を主張した。だが、日本政府も世論の激しい批判や政治的反響の大きさを無視できず、一次裁判権の行使を主張する。日米合同委員会での話し合いの結果、米国はジラードが公務中だったとの主張を変えないまま日本での裁判を認めた。

この事件は、日本国内だけではなく米国内でも注目された。米議会や退役軍人団体、新聞、テレビ、雑誌がジラード事件を繰り返し取り上げて米国が裁判権を持つよう主張、米世論もこれを支持し、問題は複雑化する。米国内では、ジラードは公務で軍の財産を守ろうとして日本人を撃ったと信じられており、米軍人は海外でも米国憲法・国旗のもとに守られねばならないという主張が主流だった。

アイゼンハワー政権は当初、ジラードの行動は容認できないもので公務外の犯罪として日本で裁かれるべきとの見解を発表した。しかし、米議会下院はジラード事件を機に米国と各同盟国との間の地位協定を見直し、同盟国に米軍関係者に対する裁判権を持たせないよう地位協定を改正する法案を成立させる。この法案は最終的に上院で否決されたが、成立した場合に同盟関係に与える悪影響は米政府に強い懸念を抱かせた（「駐留米軍をめぐる政府と議会の関係」）。

アイゼンハワー政権は国内世論に配慮して、日本がジラード事件の裁判権を行使する代わり、可能なかぎり刑が軽くなる容疑で起訴するという密約を日本政府に受け入れさせる。その結果、殺人事件であるにもかかわらず、ジラードは傷害致死罪で起訴されて、年内に懲役三年、執行猶予四年の判決を受け、判決後ただちに米国に帰国した。

安保改定への始動

ジラード事件が起きたとき、日本の政権は石橋湛山内閣だったが、石橋首相の病のため、内閣発足直後から実質的な政権運営は岸信介外相が担っていた。岸は一九五七年二月二五日、石橋内閣の全閣僚を留任させたまま首相兼外相となる。

東条英機内閣の商工大臣だった岸は日本敗戦後、連合国軍によってA級戦犯容疑者とされたが、東京裁判での起訴を免れて一九五三年に政界へと復帰していた。岸は一九五五年には、河野一郎とともに保守合同を成し遂げて自由民主党を誕生させる。これは、ダレス国務長官から要請されていたものでもあった。機会をとらえては自身を親米政治家として米国にアピールしていた岸は、保守合同によって米国務省からの信頼を得る。だが岸は保守合同前から、吉田茂のような「占領下の政治」をやめて、保守新党による「独立日本の政治」へと転換せねばならないと主張する政治家でもあった。

岸首相はジラード事件を受けて、近く予定されている訪米の際にアイゼンハワー大統領と安全保障問題も含めて話し合いたいと、マッカーサーの甥《おい》で駐日大使に着任したばかりのダグラス・マッカーサー二世に申し入れた。

議題は、犯罪率が高いとされる米陸軍と米海兵隊を日本本土から撤退させることと、日米安保条約の見直しであった。岸が考えていた日米安保条約の見直しとは、具体的には①在日米軍の配備と基地の使用に変更がある場合、日米間で事前に協議する規定を設けること、②日米安保条約と国連との関係の明確化、③日米安保条約に五年間の期限を設けることであった。

岸には強い危機感があった。在日米軍基地をめぐる世論の批判を座視していれば、野党第一党の社会党が主張する日米安保条約の廃棄につながりかねなかったからである。その前に、「社会党が反対できないような」日米安保条約の見直しが急務だと考えていた。

だが、日米安保条約見直しのなかに日米行政協定の改定は含まれていなかった。外務省が、「NATO方式は、すでに可能なかぎり行政協定にとりいれられている」と考えていたからだろう。ただし、それは日米行政協定がNATO水準を達成しており満足できる内容だという意味ではない。サンフランシスコ講和条約と日米安保条約、日米行政協定の交渉を担当した外務省の西村熊雄は、次のように回想している。

行政協定の第二条ないし第二十三条の条項に盛られている特権、権能、免除は、読んであまり愉快なものではないのであるが、だいたい軍隊本来の使命を果たすため外国にある軍隊としては当然享有すべきものに該当するのである。NATO諸国でもロンドン協定〔NATO軍地位協定〕のほかに公表されていない各種の行政取決めがあって、日本の場合とくらべてそう大きな相違はないようである。

(『サンフランシスコ平和条約・日米安保条約』)

NATO加盟国でさえ、NATO軍地位協定の「好意的配慮」の規定を盾に米軍から裁判権放棄を迫られ、さらに別の二国間協定で自国の裁判権の一括放棄をのまされていた。こうした実情を知る外務省からすれば、NATO加盟国が得られないものを、日本が日米行政協定の改定によって得られるとは考えられなかったのだ。

それよりも、駐留米軍が接収した基地や施設を、講和条約発効後も岡崎・ラスク交換公文を根拠に、返還しないどころか、むしろ拡張している状況が、反基地闘争や米兵犯罪の増大を引き起こしているのであり、これを解決することが喫緊の課題だった。

米軍基地削減へ——一九五七年の日米共同声明

アイゼンハワー政権は一九五四年四月から、前年七月末に成立した朝鮮戦争の休戦にともなって極東の米陸上兵力の削減を開始していた。

しかし、陸軍は政権が至上命題とする米軍再編に抵抗し、日本本土に可能なかぎり多くの兵力を維持しようとしていた。他方、海兵隊は朝鮮戦争休戦協定の成立後、第三海兵師団と

岸信介首相（中央）とアイゼンハワー米大統領，ホワイトハウス，1957年6月　このときの日米共同声明で日本本土からの米陸軍戦闘兵力，海兵隊の撤退が発表された

第一海兵航空団（三分の一師団）が日本本土に配備されていたが、一九五四年五月の第一次台湾海峡危機（台湾が領有していた中国大陸沿いの島々への中国による攻撃）の勃発後、沖縄などに順次移転している途中だった。

ジラード事件を受けて、岸内閣が米陸軍・海兵隊の日本撤退を申し入れると、アイゼンハワー大統領は、「現地の戦闘兵力の数を削減する迅速で抜本的な策をとらねば、反米感情の醸成は不可避」だという危機感を抱いた。大統領はダレス国務長官とともに、チャールズ・ウィルソン国防長官に対して、「なぜもっと多くの兵力が削減されていないのか理解できない」と詰め寄り、開催が予定されていた日米首脳会談までに具体的な在日米軍削減計画を決定するよう迫った（『米国と日米安保条約改定』）。六月、岸が訪米し日米首脳会談が開かれる。二一日の日米共同声明では、米陸軍戦闘兵力と海兵隊の日本本土撤退が発表された。また、米空軍基地の削減も共同声明と前後して決定された。これは、在日米空軍基地五ヵ所のうち横田以外の四ヵ所が、米国の計画に反して反基地闘争によって拡張できなかったことへの、現実的な対応であった。

この時期に、米陸軍基地八二ヵ所と米空軍基地一七ヵ所の返還が決まったことは大きな変化だった。一九五三年には総勢一八万五八二九人もの米軍が日本本土に駐留していたが、五七年の日米共同声明を経て、六〇年には約四分の一の四万六二九五人まで減少する。それにともない、一九五三年に一三四一平方キロメートルあった米軍提供施設・区域も、六〇年には同じく四分の一の三三五平方キロメートルまで縮小された（『米国と日米安保条約改定』、『防衛施設庁史』）。

他方、岸は日米安保条約の見直しに関しては、日米首脳会談で満足のいく成果を得られなかった。米国は、日米安保条約と国連との関係については交換公文で明文化することに同意した。だが、在日米軍の配備と使用についての事前協議は「実行可能なときはいつでも」との条件つきで、条約期限も「そのままの形で永久に存続することを意図せず」という表現で、共同声明に入れることを認めたにすぎなかった。

外務省は、岸訪米で一気呵成《かせい》に旧安保条約の見直しが実現するとは考えておらず、日米安保条約をめぐる問題を検討する政府間の委員会（日米安保委員会）の設置を求める。この委員会での協議を重ねることで条約の見直しにつなげようと考えていた。

一九五七年八月、日米両政府は日米安保委員会の設置を決定する。しかし、外務省の望みとは裏腹に、米国側は条約の見直しを日米安保委員会の議題に含めることを認めなかった。米国の委員会設置の意図は、日本の安保改定の要請をかわすことにあったからである（『日米同盟の制度化』）。

基地労働者解雇、厚木基地拡張

岸訪米時の日米共同声明で米陸軍戦闘兵力の撤退が発表されたことは、米軍基地で働く日本人労働者の大量解雇という新たな問題をもたらしていた。

基地労働者の雇用は、日米行政協定第一二条第四項で「合衆国軍隊又は軍属の現地の労務に対する需要は、日本国の当局の援助を得て充足される」と規定されていた。日本政府が基地労働者の雇用主となったうえで、米軍に労働者を提供する間接雇用の方式だった。日本政府の意図は、間接雇用方式によって基地労働者を日本の労働法の保護下に置くことにあったが、米軍は日本の労働法を無視した扱いをすることが多かった。

そのため、日米行政協定の施行からまもなく日本は、基地労働者の給与や勤務条件は日本の法律に準拠して調達庁長官が定めることを求めた。調達庁とは防衛施設庁の前身で、一九五二年に駐留米軍の物資や労働者を調達するために設置された機関である。

調達庁と米国との交渉は五年半かかり、一九五七年九月にようやく合意が成立した。これによって、一一万八五九二人の基地労働者が日本の国家公務員および会社員と同待遇の給与や勤務条件を保証されるはずだった。

ところが、これより早く六月に日米共同声明が発表されたのにともない、日本本土の米陸軍基地で働いていた約一万人の基地労働者の一斉大量解雇が決定される。岸内閣は、「駐留軍撤退に伴う離職者の対策について」「退職した駐留軍労務者に対する特別給付金の支給について」という二つの方針を閣議決定し、今後の米軍の撤退によって解雇される基地労働者に対して、再就職先のあっせんと特別給付金の支給という救済措置を講じた。二つの閣議決定は、一九五八年に議員立法によって「駐留軍関係離職者等臨時措置法」という法律になる。

また米陸軍、海兵隊、空軍の基地が返還・縮小される一方で、拡張された基地も存在した。米海軍が管理する神奈川県厚木基地である。

厚木基地は一九五〇年の朝鮮戦争勃発以来、第七艦隊艦載機の修理と補給を行い、偵察業務を担う拠点とされ、一九五五年には海軍の各司令部や航空整備隊、輸送飛行隊、第一海兵航空団の一部が集中する巨大な飛行場となっていた。

日米共同声明をよそに、厚木基地では一九五七年からジェット戦闘機配備のために滑走路の拡張工事が開始され、翌年には約三〇〇メートル延長された約二四〇〇メートルの滑走路が完成する。さらに、ジェット機の離着陸時の安全確保のために滑走路安全地帯の設置と滑走路のかさ上げ工事が必要となり、滑走路の両端各三〇〇メートルにわたる農地・山林が買収された（『米軍基地と神奈川』）。

スプートニク・ショック――核戦争への恐怖

一九五七年六月の岸訪米は日米安保条約改定交渉にはつながらなかった。だが、この年の後半に起きた「スプートニク・ショック」が状況を変える。

スプートニク・ショックとは、ソ連が米国に先んじて八月下旬に大陸間弾道ミサイル実験、一〇月初旬に無人の人工衛星スプートニクの打ち上げ、さらに、その一ヵ月後には犬が搭乗した二番目の人工衛星の打ち上げに成功した一連の出来事を指す。スプートニク・ショックは、米国内では政府へのミサイル開発計画強化の要求につながり、NATO加盟国の間では核兵器の独自開発や米国の核運用に対する発言権を求める動きにつながった。

スプートニク・ショックに対するNATO加盟国の反応は、米ソ核戦争に巻き込まれることへの恐怖からであり、それは日本国内でも同様だった。

ソ連が一九五八年三月末に核実験の停止を一方的に宣言すると、社会党は米国の核戦略と在日米軍基地への批判を強め、岸内閣に対して日本国内への核持ち込み禁止決議を国会で採択するよう迫る。五月二四日付の外務省文書は、スプートニク・ショックが国内政治に及ぼした影響を端的に記している。


ソ連が大陸弾道弾と人工衛星に依《よ》って軍事科学技術の進歩を誇示して以来、共産側は、一方に於《おい》て自由陣営の抑制力の中心たる米国の軍事力に疑惑を生ぜしめる様、又同時に局地戦争を否定して中途半端な軍備は無意味であるとの観念を醸成する様宣伝を一段と強化した。〔中略〕其《そ》の後共産圏諸国の非核武装地帯設置の提唱やソ連の条件付一方的核実験中止声明等のこともあった。我国に関しては、以上の如《ごと》き世界的事情に加え、在日米軍撤退の進行に由《よ》り基地問題が漸《ようや》く下火になって来たこともあって社会党其の他の左翼勢力が其の攻撃の矛先を核兵器問題に集中して居り、従って此《こ》の問題には特に敏感である我国輿論《よろん》は更に刺戟《しげき》されている実情である。

（「大臣より米大使に懇談すべき当面の安全保障問題について」）

基地問題の焦点は、基地拡張や米兵犯罪から核持ち込みへと移行していた。

岸内閣は、スプートニク・ショックによって核戦争に巻き込まれるという恐怖が国内で高まったのを鎮静化させるため、米国との間で核持ち込みに関する事前協議制度を整える必要を考える。外務省は一九五八年六月下旬、マッカーサー駐日大使に対して再び日米安保条約の見直しを打診する。

安保改定への岸の決意

岸はマッカーサー大使との協議を重ねるなかで、かねてから懸案としていた日米安保条約の問題の解決と事前協議制度の創設を同時に実現すべく、前年に自身が提案した条約の部分的な見直しではなく、全面改定が必要だと考えるようになっていた。

当初、岸が全面改定ではなく部分的な見直しを考えたのは、一九五五年に訪米した重光葵外相が、岸も同席したダレス国務長官との会談で全面改定を申し入れた際、憲法九条があるかぎり日本と対等な相互防衛条約を結ぶのは不可能、とやり込められた記憶があったからだ。

だが、一九五八年五月の衆議院選挙での自民党勝利が岸の考えを変える。投票率が約七七％だったこの選挙で、自民党は憲法改正に必要な三分の二議席にわずかに届かず、議席数はほぼ現状維持だったが、社会党の議席増は阻止した。岸はこの結果から、国民の大多数が自民党を支持するなか、日米安保条約改定をめぐる社会党の批判を突破できると判断する。

マッカーサー大使もまた衆院選の結果から、日本の保守政権が安定化し、日米安保条約改定交渉の機は熟したと判断、憲法九条を保持したままの日米安保条約改定は可能だと日本に告げる。彼の言葉が大きく背中を押し、岸は八月末、マッカーサーに対して日米安保条約の全面改定を要請したのである。

岸の指示を受けて、外務省は安保改定によって解決すべき問題を大きく三点に絞った。①「米国は軍隊駐留の権利のみを有して日本防衛の義務を負っていないこと」、②「米国は在日米軍をその一方的決定に依り日本区域外において使用し得、従って日本が知らぬ間に戦争に捲込《まきこ》まれる危険があるということ」、③「核兵器持込に付《つき》不安があること」である。

このなかに日米行政協定の問題は入っていない。それどころか、外務省は交渉の長期化を恐れて、第二五条第二項に定められた防衛分担金の廃止以外、日米行政協定の見直しは行わない方針だった。米国も、日米行政協定の改定には応じられないが、減額を要請する日本政府と対立してきた防衛分担金は廃止してよいと考えていた。

ただし外務省は、将来的には日米行政協定を条約に格上げしたいと考えていた。日米安保条約改定交渉の後に、日米行政協定の改定交渉を「早期に」開始することと、新協定が成立するまでの間は現行協定を暫定的に適用することで、米国の合意と国会の承認をとりつけるつもりだった。

条約となれば国会での批准が必要となる。吉田内閣は、日米行政協定の締結時に国会で同協定を審議しなかったために厳しい批判を浴びていた。外務省は、日米行政協定が根強く世論に批判されている背景には、国会の議決を経なかった調印過程が影響していると分析していたのだ（『日米安全保障条約の改定に係る経緯』第一巻）。

日本世論の中立主義

安保改定を後押しするマッカーサー大使の懸念は、国防省や統合参謀本部など米軍部の反対であった。ダレス国務長官も同じ考えだったとみられる。ダレスは米軍部が安保改定に賛成するという感触が得られて初めて、日本と交渉に入ることに同意しているからである。

一九五七年六月の岸訪米の際に、米軍部は、日本の世論が冷戦に対して「中立主義」的であることを認識し、日本と安全保障上の協力関係を結ぶには、日米安保条約の見直しが必要だという理解を示しながらも、まずは日本の防衛力増強だと主張して反対していた。もっとも米軍部の本音は、日米安保条約と日米行政協定で確保した既得権益を変えたくない、というところだったろう。

しかし米軍部も、スプートニク・ショックの深刻な影響を無視することはできなかった。

一九五八年六月下旬、米軍部はマッカーサーから、岸内閣が「安保改定を含めた安全保障問題についての真剣な内密の議論」を申し入れてきた、という報告を受けた。これに対して、米太平洋軍司令部は七月から八月にかけ、日米安保条約改定に関する見解を統合参謀本部に具申した。一九五七年から現在までハワイに置かれている太平洋軍司令部は、在日米軍も含めてアジア太平洋地域に展開する米軍を統括する立場にある。

太平洋軍司令部は、日本とその周辺での無制限の米軍配備や基地使用の権利を認める、現条約の維持が望ましいとしていた。だが、有事の際に日本政府と日本国民の協力がなければ基地の使用は不可能とも認識していた。そして、スプートニク・ショック後の日本の世論を見るかぎり、現状では戦争が起きても日本の協力は期待できないと考える。であれば、既得権益の温存は最優先ではない。米軍が持つ特権に制約がかけられるとしても、日本側の要請を受け入れて安保改定交渉に入ることの方が不利益は少ない。これが太平洋軍司令部の判断であった。

統合参謀本部の安保改定同意と条件

太平洋軍司令部の勧告を受けた統合参謀本部は、日米安保条約改定に同意するが、二つの条件を課す。第一に、これまでと変わらず米軍が日本本土の基地を使用できること、第二に、日米行政協定は改定しないことである。特に前者が満たされるのであれば、岸内閣が望んでいる米国の対日防衛義務の明文化や事前協議制度を受け入れられるとした。

同時に、統合参謀本部は対日防衛義務を引き受ける条件として、①自衛隊が防衛力を増強すること、②アジアで共産主義勢力が自由主義諸国を侵略した際には、在日米軍基地を使えること（極東条項）、③在日米軍が自由に日本国外に拠点を移せることを挙げた。

また、事前協議制度の条件として、①在日米軍の再配備や作戦行動、日本本土での核兵器貯蔵に関する日本との事前協議には応じるが、日本に拒否権は与えないこと、②核搭載艦船の日本寄港や核搭載戦闘機の通過には、事前協議は適用しないことを要求した。一言でいえば、すでにできあがっていた日米両政府間の核に関する暗黙の了解の維持である。

統合参謀本部の見解を受け取った国防省は、九月九日に国務省と話し合う。その場で国防省側は、二日後のダレスと藤山愛一郎外相との会談で、日米安保条約改定交渉の開始に同意してもよいと告げる。ダレスは、これを受けてアイゼンハワー大統領に、国務省と国防省が日米安保条約改定交渉を始めることで合意したと報告している。そして、条約改定が「日米関係を強化し、耐久的かつ恒久的土台を築くことになる」と強調した。

ダレスは九月一一日、大統領に交渉開始の報告をした後で藤山外相と会談する。ダレスはその場で、日米安保条約を交渉して成立させたのは自分だが、よりよい条約ができるならその変更に尽力することにやぶさかではないと述べた。

藤山・ダレス会談の翌日、ダレス主催の昼食会が行われた。ダレスは食後の挨拶を、「私は心中哀しみの気持を以《もっ》て藤山さんを外務大臣仲間にお迎えする」という文句から始めた。外務省の実務責任者として改定交渉を担当した東郷文彦は、ダレスの言葉を聞いた際、「冷戦時代のアメリカ外交を背負って長い間職務に尽瘁《じんすい》、〔中略〕何処《どこ》かに心身の疲れを感じていたのではないか」と推察している。ダレスは改定交渉の半ば、一九五九年四月に病気で国務長官の職を辞し、翌五月に死去した(『日米外交三十年』)。

予想外の日米行政協定全面改定へ

日米安保条約改定交渉は一九五八年一〇月四日、マッカーサー大使から日本側に改定案が渡されて始まった。

マッカーサーは一二月三日の藤山外相との会談の席上で、防衛分担金の廃止を除いて現行の日米行政協定を維持することに日本側が同意できないのであれば、防衛分担金の廃止にも応じられないし、安保改定交渉そのものも頓挫《とんざ》すると発言する。マッカーサーは、日本側が条約改定交渉後に日米行政協定の改定交渉を考えていることについても、「米国側は応じられないという事をはっきりしておいていただきたし」と釘を刺した。

マッカーサーから日米行政協定に関する厳しい言葉をたたみかけられた藤山は、「行政協定を今いじるという事は難かしいという事は自分にも分っているが今後更に検討する」と答える。東郷文彦外務省アメリカ局安全保障課長はこの藤山・マッカーサー会談の六日後、「協定自体に修正を要する点は比較的少く、又具体的交渉を行って見ても先方が応諾して来る限度は極めて限られている」と判断し、早々に防衛分担金の削除以外の協定修正を断念しようとした（『日米安全保障条約の改定に係る経緯』第二巻）。

だが、実際には一九五九年に入ると、日米行政協定を全面改定する方向へと交渉が進んでいくことになる。なぜ米国は当初の見解を変えたのだろうか。日本政治外交史家の原彬久や波多野澄雄は、日本側の三つの動きが原因だったとする。

第一に、池田勇人、河野一郎、三木武夫など自民党内の反岸派が、日米行政協定が全面改定されないかぎり安保改定を支持しないと主張したことである。一九六〇年前後の自民党には「八個師団」と呼ばれる岸、池田、佐藤栄作、河野、三木・松村謙三、大野伴睦、石井光次郎、石橋湛山が率いる各派閥があり、自民党総裁すなわち首相の座を争っていた。

とりわけ河野は、一九五九年二月に記者会見を開いて、「国民の日常生活に直接関係する行政協定の改定こそ最も大事なことである」と主張、防衛分担金のみならず労務・調達や裁判管轄権などの問題も解決すべきなどと訴えて、安保改定交渉に干渉しようとした。河野の目的は、安保改定が実現して藤山愛一郎外相がその功績を踏み台に次の首相になる可能性を、阻止することだった。

第二に、安保改定交渉と並行して砂川闘争の裁判が行われていたことがあった。一九五七年に砂川闘争の参加者七人が立川空軍基地に侵入した事件について争われていた。東京地方裁判所は一九五九年三月三〇日、米軍の駐留を認めている日米行政協定は憲法違反との見解を示し、被告全員を無罪とする判決を下す。伊達秋雄《だてあきお》裁判長の名前をとって伊達判決と呼ばれるこの判断は、自民党反岸派に日米行政協定を改定するつもりのない条約改定交渉を批判する大義名分を与え、マッカーサー大使は強い衝撃を受けた。

マッカーサーは伊達判決を知ると急いで藤山外相に会い、通常の手続きである高等裁判所への控訴ではなく、最高裁判所に直接訴える跳躍上告を勧めた。伊達判決を速やかに取り消させることが狙いだった。さらにマッカーサー自ら、最高裁長官と面会して速やかな判決を要望すると伝える。日本政府はマッカーサーの要請通りに跳躍上告の手続きをとり、最高裁は一九五九年一二月、日米安保条約の違憲性は裁判所が判断すべきことではないとして、地裁判決を破棄、差し戻した。しかし、マッカーサーは伊達判決によって、日本国民が日米行政協定の正統性を認めていない現状を痛感しただろう。

そして第三に、不平等な日米行政協定の改正を悲願としていた外務省が、一九五九年一月末から日米行政協定の全体的な見直しにとりかかっていたことである。自民党反岸派の動きよりも早く外務省が日米行政協定の再検討に着手したのは、「社会党がいつ行政協定を逐条ごとに取り上げて改定を迫ってくるか心配」していたからだという（『戦後日本と国際政治』）。

同時期に、西ドイツとNATO加盟国との間で西独駐留軍の地位に関する補足協定が交渉中だったことも、東郷文彦安保課長を中心とする条約改定交渉の担当者たちを刺激した。そのため外務省は、一九五九年三月六日にマッカーサーから防衛分担金廃止以外は表現上の調整のみの行政協定案を提示されると、西ドイツ補足協定並みを目指した行政協定全面改定案を対案として提示し、躊躇する米国側を改定交渉に引きずり込んでいく。

マッカーサー、日米行政協定改定に動く

他方で、米国政府内でも日米行政協定の大幅改定に関する検討が始まっていた。

実は、国務省は一九五八年一一月末から、米軍部に対して日米行政協定の大幅改定に応じるよう説得を開始していた。米軍部が日米安保条約改定を認める条件として、日米行政協定の温存を要求していたにもかかわらず、国務省が交渉開始二ヵ月で協定の大幅改定が必要だという立場に変わったのは、マッカーサー大使の進言による。太平洋軍も統合参謀本部も、当然ながら日米行政協定のいかなる改定にも反対だという見解を国防省に表明した。しかし

国務省は、日本との交渉過程で日米行政協定に関して「後退した立場」をとるかどうか、判断する権限をマッカーサー大使に与える。

マッカーサーは慎重に事を進め、国務省から日米行政協定改定の判断を任されても、国務省が国防省から譲歩を引き出すまでは日本に対して厳しい態度を崩さなかった。

先述した一二月三日の藤山との会談で、防衛分担金の廃止を除いた日米行政協定の改定には応じられないと再三述べたマッカーサーは、実際には大幅改定の実現を目指して動いていたのである。日本は、マッカーサーの動きをまったく見抜けないでいた。

なぜマッカーサーは、日米行政協定の大幅改定が必要だと考えたのか。

ジラード事件後、米陸上兵力の日本本土撤退が進む最中の一九五八年九月、ジョンソン米空軍基地（現自衛隊入間基地）内から米兵が西武新宿線の走行車両に向かって発砲し、乗客一人を殺害する事件を起こす（「ロングプリー事件」）。安保改定交渉開始の一ヵ月前の事件であり、野党だけではなく与党からも日米行政協定の抜本的改定を要求する声が挙がっていた。それでもマッカーサーはおそらく、交渉開始直後は岸内閣が国内の日米行政協定改正要求を抑え込めると考えていたのだろう。しかし、次の事態がマッカーサーに岸内閣の安定性を危ぶませることになる。

岸内閣は安保改定への反対運動に備えて、一〇月八日に警察官職務執行法（警職法）改正法案を上程する。社会党の強硬な反対や「デートもできない警職法」などの批判的報道のなか、岸首相は強引に国会の会期延長によって改正法案を成立させようとした。岸の強引なやり方が批判を煽《あお》り、同法案は一一月二二日に審議未了・廃案となる。マッカーサーが問題視したのは、これにともない池田勇人国務相、三木武夫経企庁長官、灘尾弘吉《なだおひろきち》文相の三閣僚が辞任したことである。マッカーサーは、この事態によって岸個人の首相・自民党総裁としての立場が揺らぎ、与党内の派閥争いが再燃すると見たのである。

マッカーサーの見立て通り、閣僚を辞任した池田や三木はその後、自民党総務会の場を活用して、日米行政協定の全面改定を岸内閣へ執拗《しつよう》に迫ることになる。つまり、マッカーサーは自民党反岸派のその後の動きを予想し、先手を打って米政府内で日米行政協定の大幅改定に向けた根回しを始めたと考えてよいだろう。

マッカーサーの進言を受けた国務省は、国防省との間で日米行政協定の改定に関する検討を行った。最終的に、ウォルター・ロバートソン国務次官補がジョン・アーウィン国防次官補を説得し、米軍部の「死活的利益」に関わる「実質的な」変更はしないことと、長期的な基地保有権の確保は死守することを条件に、日米行政協定の大幅改定について合意に達する。

軍部の死活的利益とは、米兵犯罪の裁判権を日本が放棄する取り決めなどである。国防省は日米行政協定の大幅改定を支持する立場に回り、統合参謀本部も同省と見解を共有するようになる。一九五九年一月末には、国務省から米国駐日大使館に対して国防省の翻意が伝えられた。

外務省の検討――日米行政協定改正案とは

国務省が日米行政協定の大幅改定について国防省を説得するのに成功したのと時を同じくして、外務省は関係省庁の意見を聞きながら、日米行政協定の全体的な問題点の整理を始めた。東郷文彦安保課長はこのタイミングについて、「交渉の速度が若干遅延するに及んで「米国は」多少の調整には応ずる用意を示すに至った」と回顧している。マッカーサーが日米行政協定の改定について日本の希望に歩み寄る姿勢を見せたのを機に、日米行政協定の論点整理を開始したのだとわかる。

ただし、マッカーサーは同時に、「日本側において行政協定の実質的修正を考えて居るならば右は到底短時日でまとまる見込なきにより、新条約交渉は御破算になるの他なし」と日本側に釘を刺している。マッカーサーは、米国側の既得権益である「米軍の在日施設利用及び在日米軍の地位に直接関連する」条文を、軍部の意向通り死守する構えであった。

東郷を中心とする外務省の交渉担当者たちは、一ヵ月で日米行政協定をめぐる問題を整理し改正案を作成した。新たな協定は正統性を得るために国会の承認を求める予定となっており、与野党の批判に最低限耐えうる内容にする必要があった。

主要な改正内容は以下の通りである。まず「第二条（基地の提供）」である。岡崎・ラスク交換公文によって米軍の暫定的な占領が続いている一三の基地や施設を、返還もしくは正式提供に改めることで、同交換公文の解消を目指した。また、米軍と自衛隊が基地を共同使用する場合の手続きを明文化することも検討する。

「第三条（基地の管理権）」は、基地に出入りする米軍の「便を図る権利」を、基地外での米軍の行動については「日本が協力義務を負う」形に改めようとする。これは、米軍に基地外で自由に行動する権利を与えるのではなく、日本が自発的に協力する形にすることで、日本政府に決定権がある印象を国民に与えることが狙いであった。同時に、基地内で米軍の治外法権が許されている状況を少なくとも文面上は改善すべく、日米行政協定上の米軍の「権利、権力、権能」という表現を削ることを希望した。

そのほか、「第二四条（緊急事態の協議）」や「第二五条（分担金条項）」の削除は、日米間の決定事項とされる。

他方で外務省は、国民の関心が最も高い「第一二条・一五条（労使関係）」や「第一七条（刑事裁判権）」については、すでにＮＡＴＯ並みの内容だとして改正案を作成しなかった。ただし労使関係について問題が多いことは事実であり、今後の運用のなかで解決を目指す方針をまとめている。基地労働者の一斉・大量解雇が国会でたびたび批判の対象となっていたからだ（『日米安全保障条約の改定に係る経緯』第二巻）。

問題は実際の交渉であった。先走って記せば、日米行政協定が現在の日米地位協定となるまでには、約一年を要することになる。その最大の理由は、一九五九年八月に西ドイツ補足協定が調印されたことだ。外務省は同協定について綿密に調査しており、その調印と同時に米国側に対して新協定を西ドイツ補足協定と同等の水準にするよう要求したからだ。

西ドイツ補足協定並みに――基地管理権をめぐる交渉

外務省が特に「西ドイツ並み」を目指したのが、「第三条（基地の管理権）」、「第一一条（通関）」、「第一二条・一五条（労使関係）」の規定だった。

だが、とりわけ第三条の内容をめぐり交渉は難航する。同条は「第一七条（刑事裁判権）」と並んで米軍部の「死活的利益」に触れる部分であり、駐日大使館・国務省としても譲歩が難しかった。だが日本も、占領の残滓《ざんし》を払拭《ふっしょく》するために第三条の改定はどうしても譲れなかった。

日米行政協定は、米軍への基地の提供は第二条にもとづく日米両政府の合意の結果としていた。しかし基地がいったん提供されると、米軍は「出入の便を図るため」と称して、基地内だけでなく基地周辺でも、「日本側と協議することなく一方的に何をしてもいい」といった振る舞いを常態化させていた。外務省は「西ドイツ並み」に、基地の提供だけではなくその運用も日米間の合意にもとづいて行われることを目指したのである（『日米安全保障条約の改定に係る経緯』第四巻）。

西ドイツ補足協定は、西ドイツ国内のNATO軍基地の内部では、駐留軍が「防衛責任の完遂に必要な全ての措置をとり得る」と定めていたが、西ドイツ軍もNATO軍の一員であり「ドイツの利益保護のための措置をとり得」た。このため日本とは異なり、西ドイツは駐留軍の基地の運用に関与することができていた。また西ドイツ補足協定は、西ドイツ政府が自国の法令にもとづいてNATO軍の基地出入りの便を図ると規定していた（『日米安全保障条約の改定に係る経緯』第五巻）。

一九五九年三月六日、まずは米国から日米行政協定の改定案が提示される。米国案は、新たな第三条で「合衆国は、施設及び区域内において、それらの設定、運営、警備及び管理のための権利、権力、権能を有する」としていた。

これに対して日本は、「権利、権力、権能を有する」から「必要なすべての措置をとることができる」へと文言の変更を求める。「権利、権力、権能」という米軍の治外法権を想起させる言葉を消し去り、「必要なすべての措置をとる」という文言に替えることで、外務省は基地が米軍の「租借地《そしゃくち》」であるかのような印象を国民に与えないようにしたかった。

また、米国案の第三条第一項の末尾は、「合衆国も、必要に応じ、合同委員会を通ずる両政府間の協議の上で前記の目的〔施設及び区域の支持、警護及び管理のための合衆国軍隊の施設及び区域への出入〕のため必要な措置を執ることができる」となっていた。日本は「必要に応じ」という文言の削除を強く求める。外務省の狙いは、在日米軍が基地およびその周辺での便宜を必要とする際には、必ず日本側と協議する旨を明文化することにあった。

非公開の合意議事録の作成へ

しかし米軍部は、日米安保条約改定交渉を通じて、少しでも現行の在日米軍の運用に制約をかけることには徹底的に抵抗する。

外務省は、国会審議にかける日米地位協定とは別に、非公開の日米両政府間の合意議事録を同時に作成することを条件に、日本側の要望を受け入れるよう米国側を説得する。一般国民が知ることのできない非公開の形式も問題だが、外務省が「現行議事録による権利権力権能の内容を総《すべ》て残す」ことを約束し、「字を改めても内容は変らない」ことを保証する合意議事録を提案したのは、より重大な問題である。日米行政協定での米軍の地位と特権が、協定改定後も合意議事録によって温存されることになったからだ（『日米安全保障条約の改定に係る経緯』第五巻)。

実際に作成された「日米地位協定合意議事録」には、第三条について、在日米軍は基地の排他的な占有権を持ち、基地の周辺でも「施設及び区域の能率的な運営及び安全のため軍事上必要とされる」のであれば、独自の判断で行動できることが明記される。日米行政協定と変わらず、米軍の基地保有権とその周辺での自由裁量が担保されたのだ。

のちに外務省は一九七三年四月、「日米地位協定の考え方」と題する非公開文書をとりまとめる。安保改定時の合意議事録や、日米合同委員会でこれまで決められた日米行政協定の解釈の逐条解説を記載し、政府見解の手引きとするものだ。この文書は第三条について、『管理権』の実体的内容については新旧協約上差異はない」と明確に説明している。

つまり、日米行政協定第三条の改定は、旧来の在日米軍の基地保有権を維持しながら、文言上のみ条約改定後の在日米軍基地の運用は日米共同で行うかのように見せたにすぎなかった。

日米行政協定の全面改正、日米地位協定へ

繰り返しになるが、日米行政協定の改定が交渉の俎上《そじょう》にのるのは一九五九年に入ってからのことだ。西ドイツの補足協定改定に刺激された外務省が全面改定を目指したことに加え、

野党と自民党の反岸派議員たちの全面改定要求、日米安保条約は違憲だとした少し後の伊達判決によって、当初は改定に消極的だった岸内閣も動かざるをえなくなった。

米国案をもとに、日米行政協定の大幅改定案を日本が初めて米国に提出したのは、一九五九年三月二〇日である。日本案は各省の要望事項を「問題点」として五七項目に整理したうえで、表現上の修正にとどまるものを「調整」事項、実質的な改定を要求するものを「修正」事項に区分する。問題点を列挙する際に半紙を横につなげていった結果できた長い巻物は、外務省内の会議で「ふんどし」と呼ばれていた（『日米外交三十年』）。

藤山外相がこの案をマッカーサー大使に提示したとき、藤山自身は日米行政協定の大幅改定にやや及び腰だった。そのため藤山は、日米行政協定の改定は委員会を設けて後で実施する、という可能性も示唆した。それに対してマッカーサーは、新日米安保条約の調印までに日米行政協定の改定案が成立していることが、改定条件だと釘を刺す。

日本案を受け取ったマッカーサー大使は、「今ちょっと文書を拝見しただけでも自分は非常に悲観的になった。この調子では本年内に話を纏《まと》める見込みは極めて悲観的」（五九年三月二〇日藤山大臣在京米大使会談録）と、前途多難さを匂《にお》わせた。マッカーサーは三月二八日の会談でも、「〔五七項目は〕形式を中心とするものと期待していたが、実質に触れるものが甚《はなは》だ多い。〔中略〕若《も》しこれをワシントンに持って行けば非常に難しいことになってしまう」（五九年三月二八日藤山大臣在京米大使会談録）と述べている。

マッカーサーは、日米行政協定は国務省ではなく国防省および軍部の問題であって、西ドイツ補足協定も軍部の抵抗によって「まとまるまで三年半を費やしている」（五九年三月二八日藤山大臣在京米大使会談録）と、率直に米政府内部の事情を日本側に説明した。

だが、三月三〇日には先述した砂川闘争に対する伊達判決が下され、自民党反岸派による行政協定全面改定論も一層盛り上がる。藤山が日米行政協定の改定交渉内容を自民党内で伏せていたことも、党内の全面改定論に油を注いだ。岸内閣は国内政治上、日米行政協定の改定交渉で容易に米国と妥協できないところに追い込まれていた。そこでマッカーサーは、駐日大使館と外務省との間で交渉がある程度まとまったところで、本国政府に裁可を仰ぐことになった。

最終決着──日本の譲歩

先述のように一九五九年八月下旬に西ドイツ補足協定が成立すると、外務省は「第三条（基地の管理権）」、「第一一条（通関）」、「第一二条・一五条（労使関係）」について米国側に再度の交渉をもちかけた。マッカーサーはこの三点について「ワシントンに強く具申」したが、「在日米軍と打合わせなしに」行ったため、「軍側では自分に対し大分不満がある」と日本側にもらす。

それでも外務省は、東郷安保課長や中島敏次郎条約局首席事務官が西ドイツに出張して発効前の補足協定の調査を行い、「西ドイツ並み」の実現に熱意を燃やしていた。岸首相も自民党内とりわけ河野派を説得する際、この三点をNATO並みにすると約束する。

九月下旬に国連総会でクリスチャン・ハーター国務長官（一九五九年四月以降ダレスの後任）と会談した藤山は、「行政協定についてこれが国民生活にも直接関係あり、また反対党のみならず与党内にも議論がある。〔中略〕新しいボン協定〔西ドイツが締結したNATO軍地位協定・補足協定のこと〕に見劣りする様な協定を作ることは将来の関係からも困るので、関税、労務、基地使用等の点に就《つ》いて、帰国後マッカーサーと話を続けるが、ボン協定に見劣りのない様にしたいという点をこの機会に申し上げておく」（藤山大臣ハーター国務長官会談録〔一九五九年九月二四日〕）と述べて、理解を求める。

米軍部から「死活的利益」を堅持するよう圧力をかけられた国務省と、世論・自民党反岸派から行政協定全面改定の圧力をかけられた岸内閣・外務省との間の交渉は、結局は日本の譲歩によって一九六〇年一月初頭にハーター国務長官と藤山外相の間で決着した。

新たな第三条の文言では基地の日米共同管理が謳われたが、実際には非公開の合意議事録で、旧来通りの米軍の排他的な自由運用が担保されたことはすでに述べた。

通関についても、米国側は「ヒト」の通関をNATO並みにすることは認めたが、「モノ」については、米軍の公用品以外の輸入品を税関検査の対象とするようにとの日本の要求を認めなかった。

労使関係については、すべての基地労働者を日本政府を通じた間接雇用に切り替えるようにとの日本の要求が、最終的には受け入れられたが、間接雇用切り替えによって増大する米軍の費用負担は日本も分担するという条件がつけられた。

日米合同委員会

最後に、日米合同委員会についても触れておく。

第1章でも述べたが、日米合同委員会とは、日本政府代表として外務省北米局長、米国政府代表として在日米軍司令部副司令官が出席し、在日米軍の運用や基地の提供・返還について話し合う場である。旧日米安保条約の締結交渉過程で、世論の批判を恐れて駐留米軍に与える特権を明記したくなかった日本政府が、具体的な運用や基地提供に関しては非公表で協議することを米側に求めた結果、設置された。

安保改定交渉のなかで、日米両国ともこの委員会に関する規定については特に再検討することなく、日米行政協定第二六条から日米地位協定第二五条へとほぼ無修正で引き継いだ。

日本外交史家の明田川融は日米合同委員会について、「〔日米地位〕協定実施に関わって日米相互の協議を必要とする『すべての事項』を協議しているにもかかわらず、その秘密性から『密約製造マシーン』とも称される」と説明している（『日米地位協定』）。『朝日新聞』もこの委員会について、「委員会の議題も公開されず、『ブラックボックス』とも批判される」と解説している（二〇一九年一月三一日付朝刊）。だが、これらの議論は正確ではない。

明田川も記しているように、日米合同委員会は日米両政府の協議機関だが政府間の新たな合意を決定する権限はない。合意には別途、正式な閣議決定や通常の政府代表者同士の合意が行われる必要がある。つまり、日米合同委員会の場で日米「密約」が結ばれることはないのだ。

では、なぜ日米合同委員会が「密約製造マシーン」「ブラックボックス」と呼ばれるのか——。それは二〇〇四年まで非公開だった日米地位協定の合意議事録にもとづいて、協定本文の規定に反する運用が行われてきたからである。日米安保条約改定時に国会で審議されなかった合意議事録に従った日米地位協定の運用が、日米合同委員会で確認されてきたことが、合意議事録の内容を知らない日本国民の目からは、あたかも日米合同委員会の場で「密約」が生まれているかのように見えているのだ。

新安保条約の前に霞んだ国会審議

こうして一九六〇年一月までかかった日米行政協定の改定交渉は妥結し、日米地位協定が誕生した。交渉妥結から二週間後の一月一九日、岸首相、藤山外相、石井光次郎自民党総務会長、足立正《あだちただし》日本商工会議所会頭および朝海浩一郎《あさかいこういちろう》駐米大使がワシントンで新日米安保条約と地位協定に調印する署名をした。米国側はハーター国務長官、マッカーサー大使、J・グラハム・パーソンズ国務次官補が署名した。

同時並行で交渉が進んでいた新日米安保条約と日米地位協定は、一九六〇年二月五日に国会に提出され、五月一九日まで衆議院安全保障条約特別委員会で三七回にわたって審議される。日米地位協定合意議事録は提出されなかった。このとき、国会の議論は日米安保条約ばかりで、日米地位協定はほとんど議論されず、新聞紙上でもほぼ取り上げられなかった。かろうじて一九六〇年一月から、社会党を脱党した議員によって創られた民主社会党（民社党）が日米地位協定の問題点をとりまとめ、五月一七日に発表している。なお、民社党は新日米安保条約を支持していた。

民社党は、日米地位協定第三条で「米軍の基地管理権が旧協定と同じく完全に確保」され、「単に表現が変わっただけ」だと批判した。また、「新旧協定第五条では、米軍または米国の公の目的をもつ船舶、航空機等は、米軍側の一方的通告によってどこでも自由に出入りでき

署名した書類を掲げる岸信介首相，ワシントン，1960年１月　このとき日米間で新安保条約とともに日米地位協定も調印された

るが、当然飛行場や港を指定すべき」だと主張する。民社党が指摘した二つの条項の問題点は、現在に至るまで繰り返し批判されることになる。

五月一九日、岸首相は強行採決と警察官五〇〇人を動員しての社会党議員の強制排除によって、新しい日米安保条約と日米地位協定を可決させる。国会の会期末が五月二六日となっており、六月一九日には日米修好一〇〇年を記念してアイゼンハワー大統領が訪日する予定だった。岸はそれまでに条約・協定の批准を終えたかったのだ。

岸の強引な手法は、安保闘争と呼ばれる国民的な運動を引き起こした。全国で安保改定に反対するデモが行われ、数百万人の人々が参加した。そのうえ、自民党内の反岸派からも内閣総辞職を強く要求する声が上がる。安保闘争が岸内閣退陣の運動へと発展するなかで、アイゼンハワー訪日は中止された。岸内閣は、六月一九日の条約・協定の自然承認をもって総辞職する。

安保闘争を経て、日米地位協定はその詳細や問題が広く論じられないまま成立したのである。

他の同盟国の場合──西ドイツ、フィリピン

参考までに、この時期に行われていた米国とその同盟国との間の基地協定改定交渉についても触れておく。

まずは先述した西ドイツ補足協定である。この協定はＮＡＴＯ軍地位協定と合わせて、西ドイツ（統一後はドイツ）国内に駐留する外国軍の地位についての詳細を取り決めたものである。

ドイツは第二次世界大戦で降伏後、東側地域はソ連、西側地域は米国・イギリス・フランスの占領下に置かれた。西側占領地域が独立した西ドイツは、一九五五年五月に占領状態が終了すると同時にＮＡＴＯに加盟、引き続き同盟国となった米英仏軍の駐留を受け入れる。ただし西ドイツのＮＡＴＯ加盟が決定する前には、西ドイツを含めた欧州防衛共同体構想が検討されており、西ドイツはこの構想との関連で、自国に駐留する外国軍が使用する軍用地

の収用に関して、それまで存在しなかった国内法を制定することが決まっていた。

したがって、一九五九年八月に調印された西ドイツ補足協定は、駐留軍の土地収用に関する西ドイツ国内法（一九五七年）に準拠して作られる。軍用地収用の手続きや補償、返還に関する補足協定の規定は、西ドイツに有利な内容だった（「ドイツにおける外国軍隊の駐留に関する法制」）。

他方で、西ドイツ補足協定も日米行政協定同様に一次裁判権の放棄を強いられた。西ドイツ当局が逮捕した米軍関係者の身柄についても、日米行政協定と同じく米軍の要請があれば米側に引き渡さねばならず、起訴までは西ドイツ側に引き渡されないこととされた（「ドイツ駐留NATO軍地位補足協定に関する若干の考察」）。

次にフィリピンである。一八九八年から一九四六年まで米国の植民地であったフィリピンは、米比相互防衛条約の締結（一九五一年）以前の一九四五年五月、米国と暫定的な基地協定を結んでいた。当時は太平洋戦争末期にあたり、日本に占領されていたフィリピンを解放した米軍が、日本本土上陸作戦の後方基地としてフィリピンを必要としたためだ。

日本降伏後、全面撤退計画が持ち上がった米軍を引き止めようと、フィリピンは米国側が全面的に有利な内容で米比基地協定を締結する（一九四七年）。しかし、米兵犯罪や事故に対する世論の反発と、宗主国であった米国に対する対等性を要求する政治的気運が重なり合い、フィリピン政府は基地協定の改定を望むようになる。

フィリピンは、一九五六年から米国との間で米比基地協定の改定交渉を開始した。一九五九年一〇月に調印されたボーレン・セラノ協定では、米比相互防衛条約や東南アジア条約機構以外の目的でフィリピン国内の米軍基地を使用する際や、長距離ミサイルを持ち込む際には事前協議を行うこと、協定期限を九九年から二五年に短縮することなどが合意された。

フィリピンもまた、米比基地協定における裁判管轄権の扱いに強い不満を抱いていた。日米安保条約改定と日米地位協定の実現で、フィリピンは一層不満を強める。日本が条文上は完全にNATO並みの刑事裁判権規定を獲得したことが、フィリピンのナショナリズムを刺激したのだ。第二次世界大戦でフィリピンを侵略した日本が、米国の同盟国としてフィリピン以上の「厚遇」を受けることは、フィリピンにとって許しがたいことだった。

さらに、一九六四年には相次いで米兵によるフィリピン人射殺事件が発生し、住民のデモ行進や司法当局による過去の米兵犯罪の実態調査が行われる。その結果、米国は刑事裁判権の取り決めの改定に応じた（一九六五年）。ブレア・メネス協定と呼ばれる新たな基地協定によって、フィリピンはNATO軍地位協定、日米地位協定とほぼ同等の刑事裁判権をようやく獲得することになる（『歴史経験としてのアメリカ帝国』）。

第3章　ヴェトナム戦争下の米軍問題——続発する墜落事故、騒音訴訟

厚木基地の騒音被害

第2章で触れたように、神奈川県厚木基地が一九五〇年代を通じて強化・拡張されると、基地周辺の住民は日本政府に土地の買い上げと家屋移転の補償を求め、受け入れられた。農家を中心に大和市、綾瀬町の基地周辺世帯二六二戸が、一九六〇年から七一年にかけて集団移転する。

だが、一九六〇年の厚木基地の滑走路のかさ上げ工事完了後、ジェット機による離発着・飛行訓練が増加し、深夜早朝の騒音は基地周辺にとどまらない深刻なものとなる。厚木基地を離発着するジェット機の多くは米海軍空母に艦載される戦闘機、偵察機、攻撃機で、陸上の基地でも発着艦訓練、空戦訓練を行うためだ。

一九五〇年代後半から六〇年代前半にかけて米海軍が導入したF8ジェット機は、失速速度（安全に飛行できる最小の速度）が従来のプロペラ機と比べて非常に高く、離着陸速度も速

いため、騒音もより大きくなっていた。

一九六〇年には、大和市上草柳《かみそうやなぎ》の住民が中心となって厚木基地爆音防止期成同盟を組織し、関係自治体や米軍、日本政府への爆音防止の要望書提出や、テレビ、ラジオの受信料不払い運動を展開する。受信料不払い運動は、米軍機飛行ルートで爆音によるテレビ・ラジオの難視聴や電波障害が起きたことへの抗議の意味があった（『米軍基地と神奈川』）。

この年、厚木基地周辺の自治体は、政府に「米海軍厚木航空機ジェット機騒音問題につき善処方要望書」を提出する。それに対して日米合同委員会は特別委員会を設置して問題を協議し、一九六三年に厚木騒音規制措置をとりまとめた。

具体的な内容は、深夜早朝や日曜の飛行自粛や、人口密集地帯上空での低空飛行や基地周辺での曲技飛行の規制などだった。しかし、深夜早朝の飛行禁止は「運用上の必要に応じ、緊要と認められる場合」は除外された。米軍が必要だと判断すれば深夜早朝でも飛行が可能な状況は、現在まで改善されていない（『防衛施設庁史』）。

深夜早朝の飛行禁止に実効性がないという問題は横田（東京都）、嘉手納・普天間（沖縄県）といった日本国内のほかの米軍基地の航空機騒音規制措置も同様である。日本政府は厚木やそのほかの基地の騒音問題では、住宅移転や住宅防音工事の経費、テレビ・ラジオ受信料の手当てを厚木基地周辺の住民に支払うことで主に対処していく（『神奈川の米軍基地』）。

ヴェトナム戦争と厚木基地の米軍機事故

騒音問題とは別に、米軍機事故も相次ぐようになる。米国がヴェトナムへの本格的軍事介入を決定した一九六四年には、神奈川県だけで一七件の米軍機事故が起きている。その多くが厚木基地を離発着する航空機だった。

たとえば四月五日に、山口県岩国基地に所属する海兵隊機が沖縄県嘉手納基地から飛び立ち、厚木基地に着陸しようとして墜落、東京都町田市の商店街を直撃する。住民四人が死亡し、三二人が重軽傷、家屋二七棟が全半壊する大惨事となった。

買い物客で混雑する日曜日の夕方、町田の商店街にF８U－２ジェット機一機が墜落してきた様子を目撃した者は一人もいなかった。厚木基地から約一〇キロメートル離れた商店街は基地滑走路と一直線上にあり、日夜のジェット機飛行に慣れていた付近住民は耳をつんざく爆音に注意を払っていなかったからだ。そこに、燃料の残り少なかった機体が爆発や分解を起こさず、六〇度の角度で錐揉《きりも》み状態で突っ込んだ。

墜落によって洋裁店と精肉店、民家が吹き飛び、直径一〇数メートル、深さ五メートルのすり鉢状の穴が出現した。土砂や機体の破片が半径五〇メートル四方に突き刺さり、ジェット機燃料が引火した周辺家屋は延焼する。墜落の衝撃で一人が死亡したほか、崩れた家屋で

米軍機町田市商店街墜落事故，1964年４月５日　厚木基地着陸に失敗し墜落炎上した結果，４人死亡，32人負傷，27戸が全半壊．９月，12月にも厚木基地に絡んだ墜落事故が続発した

三人が圧死した。負傷者の多くも家屋の下敷きになった者たちだった。ジェット機エンジンは地中二〇メートル深くまでめり込み、引き上げができずに現在まで埋まったままだという。

ジェット機の操縦士は上空一八〇〇メートルでパラシュートで脱出し、墜落現場から一・四キロメートル離れた団地に降下してかすり傷ですんだ。

この事件では米軍が全面的に責任を認めて被害者への金銭的補償を行う。当時のリンドン・ジョンソン米大統領は池田勇人首相に弔意《ちょうい》の覚書を送った。また、日米合同委員会は事故の二日後に町田市上空の航路変更で合意している。さらに池田内閣は、被害者への補償額を従来の日収一〇〇〇日分、最高一五〇万円では低すぎると最高三〇〇万円まで引き上げる（『米軍機墜落事故災害誌』）。

だが町田市の墜落事故後の日米両政府対応は、根本的な事故防止にはならなかった。この年の九月には、空母艦載機が厚木基地を離陸直後に神奈川県大和市の舘野《たての》鉄工所に激突、工場で働いていた五人が死亡（うち三人は工場主の息子）、四人が負傷している。鉄工所と住居は全焼し、家屋四棟が全壊、六棟が一部損壊したほか農地も被害を受けた。

さらに一二月には、厚木基地所属の戦闘機が離陸直後に神奈川県愛甲《あいこう》郡清川村の農家の裏山に墜落し、家屋三棟が全焼したほか家屋三棟が一部損壊、山林、農地にも被害を与える。

一九六四年にたまたま事故が重なったのではない。サンフランシスコ講和条約が発効した一九五二年四月から二〇〇七年一二月までの間、神奈川県では毎年のように米軍機事故が発生し、計二一四件に達したが、そのほとんどが厚木基地を離発着する航空機による。また、ジェット機による事故は一〇七件と全体の半数を占め、とりわけ墜落事故六二件のうち三七件（五九・七％）がジェット機によるものだった（『神奈川の米軍基地』、『防衛施設庁史』）。

規定のない飛行訓練――日米地位協定の盲点

厚木基地を離発着する米軍機が起こす騒音・事故はなぜ改善されないのか。これは、在日米軍がなぜ自由自在に日本領空を飛べるのかという問題に関わってくる。

米軍が日本領空を自由に飛行する根拠としているのは、日米地位協定第五条第二項である。

一〔項〕に掲げる船舶及び航空機、合衆国政府所有の車両（機甲車両を含む。）並びに合衆国軍隊の構成員及び軍属並びにそれらの家族は、合衆国軍隊が使用している施設及び区域に出入し、これらのものの間を移動し、及びこれらのものと日本国の港又は飛行場との間を移動することができる。合衆国の軍用車両の施設及び区域への出入並びにこれらのものの間の移動には、道路使用料その他の課徴金を課さない。

問題は、米軍機が「施設及び区域に出入し、これらのものの間を移動」することが、米軍にとっては単なる移動ではなく訓練の一環である点だ。基地の中ではなく外で米軍が訓練を行うことに妥当性はあるのか。

外務省が一九八三年末に作成した『日米地位協定の考え方【増補版】』の「日米地位協定の一般的問題」という項は、この点について解説している。長いので要約すると、米軍は日本と極東の安全を守るために日本に駐留している以上、訓練など軍隊としての活動を行うのは当然である。日米地位協定は米軍の活動を基地内に限るために存在しているが、基地外での活動も日米地位協定に照らして個別に認めることもある、という趣旨だ。

在日米軍の訓練は日本と極東の安全に寄与しているという大義名分から、外務省は米軍機の早朝深夜の飛行や低空飛行なども、「緊要」の場合という規制の抜け穴をつくって認めているのである。

外務省は、いかなる日米地位協定上の根拠にもとづき米軍の基地外の飛行訓練を認めているのか。先述の第五条は、米軍の日本国内の移動を認めているにすぎない。第二条に関する日米合同委員会合意でも、米軍の施設・区域を「建物・工作物等の構築物及び土地、公有水面」と規定しており、上空の空間を施設・区域として提供することは想定していない。『日米地位協定の考え方』も、「米軍が本来施設・区域内で行うことが予想されている活動を施設・区域外で行うことは同協定〔日米地位協定〕の予想しないところである」と記しており、日米地位協定に根拠が存在しないことを認識している。

そのうえで、米軍の飛行訓練は射撃訓練とは違い、上空で行われるので「直ちに我が国の社会秩序に影響を及ぼすものではない」とする。米軍の飛行訓練は影響が小さいので基地外で行われても問題ないという主張だ。ただし、「飛行訓練に伴う騒音等を考えれば、このようなことが言えるのかとの疑問が提起される可能性は排除されない」ともある。

さらに、「自衛隊機が領空の一定の空域〔自衛隊基地の上空の外〕において飛行訓練を行っているのに、米軍機は公海上空か施設・区域上空のみで飛行訓練を行わねばならないとの考え方は合理的ではない」という正当化を行っている。

一九六〇年代まで、航空法などの国内法に関連規定がないことから、自衛隊の訓練空域には制限がなかった。だが一九七一年、訓練中の自衛隊戦闘機が岩手県上空を航行中の全日空旅客機に衝突し、乗客一五五名と乗員七名の全員を死亡させる「雫石《しずくいし》事故」を起こす。雫石事故の翌月、運輸省は「航空交通安全緊急対策要綱」を定め、民間航空路と自衛隊訓練空域を分離して設定することにした。とはいえ、自衛隊の訓練空域が法律で定められていないことには変わりはなく、外務省はそうした自衛隊の状況も援用して在日米軍の飛行訓練を正当化した。

問題を整理すると、第一に、在日米軍の飛行訓練は日米地位協定上の規定がないまま移動という名目で行われてきた。米軍のジェット機導入によって飛行訓練による深刻な騒音や事故が政治問題化したことが、日米地位協定の欠点を浮かび上がらせた。

第二に、外務省は「日本の安全に寄与し」ていること、「直ちに我が国の社会秩序に影響を及ぼすものではない」こと、「自衛隊機が領空の一定の空域において飛行訓練を行っている」ことから米軍の飛行訓練を正当化してきた。だが、その論理と市民感覚の間には大きな隔たりがある。

平時と有事の区別がない――NATO諸国との違い

他国における米軍の飛行訓練はどのように規制されているのだろうか。

ドイツのNATO軍地位協定・補足協定第五七条は、第一項で日米地位協定と同じく駐留軍の国内における移動の権利を認めている。だが、第三項では「ドイツの交通規則は軍隊、軍隊の構成員、軍属及び家族に適用する」と規定する。ただしこれは平時に限られ、第四項では「軍隊は、軍事上の緊急の場合に限り、ドイツの道路交通法取締規則の適用を受けない。ただし、公共の安全及び秩序を尊重しなければならない」と留保されている（『日米地位協定の考え方』）。

NATO軍地位協定とは別途、各国が締結した基地協定で平時と有事を区別しているのは、イタリアも同様である。平時には二国間基地協定にもとづいてイタリアの主権が優先されるが、有事にはNATO軍地位協定が適用され、基地協定は適用されないという二段構えになっている。

これに対して日米地位協定では、NATO軍地位協定と同様に平時と有事を区別していない。米軍はいつでも緊急事態に即した運用を行うことが可能である。またNATO軍地位協定と日米地位協定では、「敵対行為」が生じた場合には加盟国の一方（米国を想定）が六〇日前までに予告すれば、刑事裁判権に関する規定の適用を停止できることになっている。加えて日米地位協定第一八条では、米軍は戦闘行為であれば日本国内で事故を起こして損害を与えても、民事請求から逃れられるとある。

NATO軍地位協定と日米地位協定との間にも、大きな違いが存在する。NATO軍地位協定では、「敵対行為」が発生したとある加盟国（主に米国）が判断した場合に、ほかの加盟国がその判断の再検討や中止を求めることができるようになっている。他方、日米地位協定にはこのような規定は存在しない。米軍側が緊急事態だと判断した場合に日本政府がそれを翻させることはできない（「米軍のイタリア駐留に関する協定の構造と特色」）。

このように日米地位協定には平時と有事の区別がなく、有事かどうかの判断を米軍が一方的に下せる。こういったことが、在日米軍が戦闘状態と変わらぬ飛行を訓練で日常的に行うことを可能にしている。

一九六五年二月から始まった米国の北ヴェトナム空爆は、在日米軍の飛行訓練を激化させた。爆弾投下訓練や強行偵察を行うための高速低空飛行訓練、ソ連との交戦を想定した空戦訓練が繰り返されたからだ。北ヴェトナム偵察のため、単機で高度一五メートルを速度一〇〇〇キロメートルで飛行しながら同時に偵察用カメラを操作する飛行は、訓練中に多くの米兵が死亡するほど危険なものだった（『米軍「秘密」基地ミサワ』）。

だが、日米地位協定には、いままで述べてきたように米軍飛行訓練に対する規制が存在しなかった。また、次で述べるように日本政府にも訓練を規制する意思はなかった。

自由に飛べる——米軍訓練への日本法令適用除外

ここまで見てきたように、在日米軍は、日米地位協定第五条を基地外の日本領空で訓練を行う根拠としてきた。では、外務省は、日米地位協定第五条をどのように解釈してきたのだろうか。

端的にいうと、外務省は日米地位協定第五条にもとづいて米軍が日本国内を移動することを、日本政府の裁量で米軍に許可を与えるということではなく、米軍の当然の「権利」としてとらえてきた。

日米地位協定は一見するとドイツの補足協定と同様に、米軍の国内移動には「日本国の法令」を適用することが規定されているように見える。具体的には、道路法や道路交通法、航空法、港則法などが米軍にも適用されることになっている。しかし外務省は、米軍の「施設・区域等の間の移動の権利」を妨げるような法令の適用あるいは制定が、「地位協定上我が国の義務違反」だという考え方をとってきた（『日米地位協定の考え方』）。

たとえば航空法である。この法律では離着陸時を除いて一五〇メートル以上、市街地では三〇〇メートル以上の高度を保たねばならないという最低安全高度制限がある。しかし、日本政府は一九五二年七月、こうした最低高度などの制限が米軍機には適用されない「日米行政協定〔のちに日米地位協定〕の実施に伴う航空法の特例に関する法律」を定め、一九六〇年の日米安保条約改定後も引き継いできた。

ただし、日米合同委員会で合意された各米軍基地の航空機騒音規制措置では、基地を出入りする米軍機の最低高度を別途定めている。厚木基地は離着陸時を除いて四八八メートル以下での飛行を禁じている（「特定の訓練」は高度二四四メートル以下）。市街地に囲まれた沖縄県嘉手納・普天間両基地の場合、飛行場近傍では航空法と同じく三〇〇メートルの最低高度を維持する取り決めがなされているが、「原則として」という留保付きのために守られないことが多い。東京都横田基地も、原則として飛行場隣接地域ではジェット機は六一〇メートル、在来機は四五七メートルの最低高度を維持する決まりだ（『防衛施設庁史』一章）。

つまり、日本政府は米軍が日本国内で自由に移動できるよう、あらかじめ法令上の規制を除去し、政治問題化した場合には個別に例外つきの規制を設けているのだ。

ヴェトナム戦争中の戦車移動

また、日本政府は、米軍の円滑な国内移動のために国内法令の改正を行ってきた。たとえば、ヴェトナム戦争中の一九七二年、飛鳥田《あすかた》一雄《いちお》横浜市長らが実施した神奈川県相模補給廠《しょう》の戦車輸送阻止闘争への対応だ。

相模補給廠は、旧日本陸軍の造兵廠だったのを占領軍が接収した。米陸軍補給廠とされ、極東米軍の物資補給や機械・軍用車両修理の拠点となる。リチャード・ニクソン新政権が、和平交渉を有利に進めるためヴェトナム戦争の戦線を拡大した一九六九年頃から、相模補給廠では修理した戦闘車両の走行試験が活発に行われ、周辺住民に粉塵《ふんじん》・騒音被害を与えていた。このいわゆる「タンクテスト」問題が、修理車両がヴェトナムに送られていることへの抗議活動につながっていく。

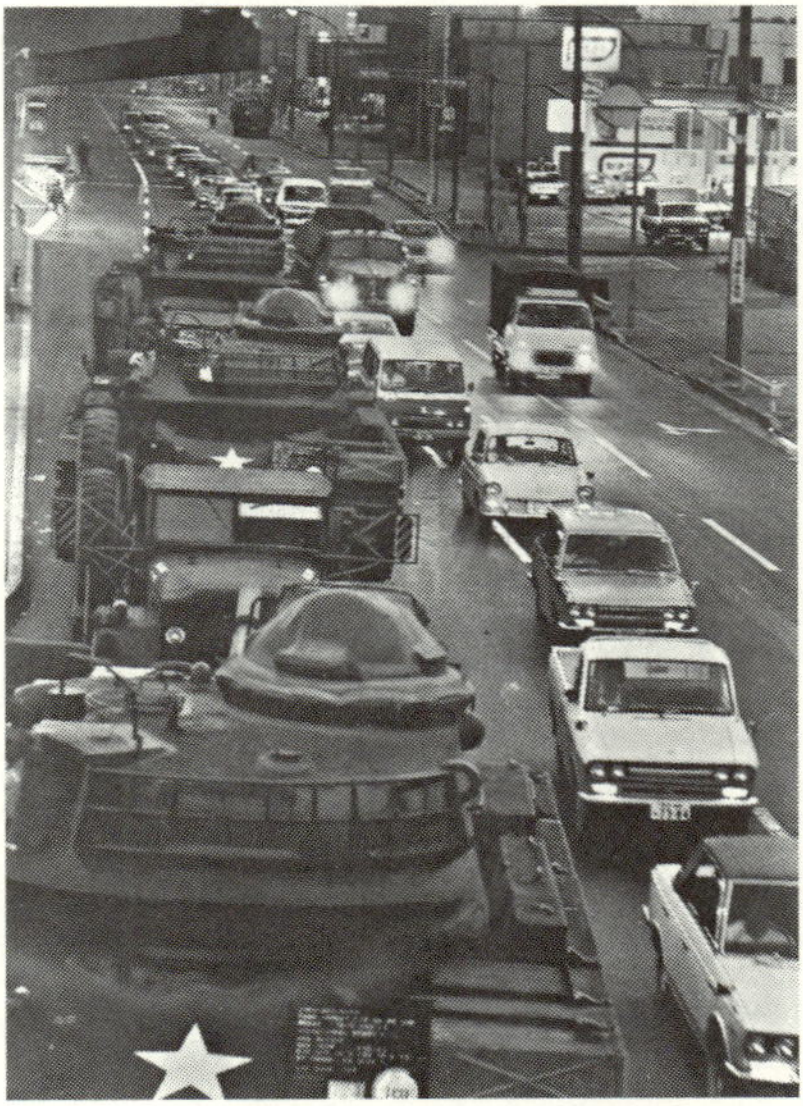
ヴェトナム戦争最中，修理された米戦車の搬出をめぐって問題化，1972年　反対運動などにより通行をストップした戦車を積んだトレーラー

一九七二年五月、河津《かわづ》勝《まさる》相模原市長は在日米軍司令官と面会し、相模補給廠で修理

されたM48戦車が横浜港ノースドックからヴェトナムに送られた事実を確認する。横浜市と相模原市は、横浜防衛施設局長や在日米陸軍司令官、外務大臣・防衛庁長官に抗議文書を送った。

二市の行動はヴェトナム反戦運動と連動し、社会党相模原支部が補給廠前での監視体制をとるようになる。その結果、深夜にむき出しの状態で多数の戦車を載せたトレーラーが相模補給廠を出発し、国道一六号を経由してノースドックに戦車を搬出している事実が判明した。横浜市と相模原市はこれを問題視する。M48戦車と運搬トレーラーが道路交通法にもとづく車両制限令が定める重量制限を超過し、交通には道路管理者である市の許可が必要であるにもかかわらず、防衛庁による許可申請が行われていないと指摘した。飛鳥田横浜市長は防衛庁長官らに道交法遵守《じゅんしゅ》を申し入れ、河津相模原市長は国内法と日米地位協定との関係を問う質問書を横浜防衛施設局長に提出する。

このとき、日本政府が回答を発表する前に米軍が再び戦車搬出を実施したことが、飛鳥田市長の逆鱗《げきりん》に触れた。相模補給廠の正門前や横浜ノースドック入口前に社会党・共産党や労働組合、学生団体が座り込み、戦車輸送を阻止しようと米軍トレーラーの前に立ちふさがった際、飛鳥田市長も座り込みに加わる。米軍は一時、戦車輸送を中止せざるをえなくなった(兵員輸送車の搬出は、機動隊に座り込みの人々を排除させて実施された)。

結局、横浜市と相模原市は、戦車搬出前の重量確認に加えて日米安保条約上の問題について政府統一見解を求めた。

田中角栄内閣は、閣議で相模補給廠の戦車修理部門の縮小・停止と、ヴェトナムへの戦車輸送停止の方針を決定する。そのうえで、戦車輸送や兵員輸送車搬出の許可を出した。だが、同時に田中内閣は、南ヴェトナム向けの戦車の修理は日米安保条約に抵触しないという統一見解を発表し、米軍車両を道交法にもとづく車両制限令の適用から外す法改正を決定している。横浜・相模原両市は田中内閣の決定に抗議した。

このように日本政府は、政治問題化した基地問題については個別に対処しながらも、米軍の日本国内移動の「権利」を守るという原則を一貫して通してきたといえる。

米軍基地縮小——ジョンソン・マケイン計画

相模補給廠の戦車闘争から少々時間を巻き戻す。一九六八年には九州で基地問題が大きな政治的争点となった。まず一月に、世界最大の原子力空母エンタープライズが長崎県佐世保に入港した際、同空母の核搭載疑惑から野党、労組、全学連が現地でエンタープライズ寄港反対の抗議行動を展開、全国に抗議が波及した。

核搭載艦船寄港の問題は、この年五月に原子力潜水艦ソードフィッシュが佐世保に寄港した際に再燃した。ソードフィッシュの放射能漏れを調べた科学技術庁の測定器が異常を示し、通常値以上の放射能が検出された事実（同日の再検査では通常値に戻った）がメディアに漏れ、連日大きく報じられる。米軍が試料データの提供を拒否したことで疑惑が深まり、原子力潜水艦の佐世保寄港は半年以上も中断されることになった。

また六月二日の深夜には、軍民共用の福岡県板付基地（現福岡空港）に着陸しようとした、米空軍のRF－4C偵察機（通称ファントム）が、六階建ての九州大学工学部電子計算センターの屋上に墜落・炎上した。事故発生直後に地元警察署と防衛施設庁が現場に入ったが、水野高明総長が米軍と日本政府に対する抗議声明を発表し、また学生と教職員約四〇〇〇人が抗議デモを行って米軍による事故機の撤去を阻む。

米軍は事故を受けて、板付基地を離陸する米軍機は右に旋回する措置をとることを約束した。日本政府も日米合同委員会で、板付基地からの米軍の移転で米国と合意した。翌一九六九年、板付基地に常駐していた空軍部隊は沖縄県嘉手納基地に移転し、一九七〇年には日米両政府間で板付基地の返還が合意された（『防衛施設庁史』、『航空管制五十年史』）。

一九六八年に次々と起きた基地問題は、佐藤栄作内閣の三木武夫外相や木村俊夫官房長官、中曽根康弘運輸相から異口同音に在日米軍基地削減の声が挙がるほど、日本政府に危機感を抱かせた。とりわけ、三木外相は同年一〇月、ラスク国務長官との会談で「整理可能のもの

〔米軍基地〕はちく次整理して行く」姿勢を米国に求めた。佐藤内閣が恐れていたのは、基地問題がヴェトナム反戦運動を高揚させ、一九七〇年に条約期限を迎える日米安保条約の延長阻止闘争を盛り上げて、一〇年前の安保闘争の再来となることであった。

そこで一二月に、U・アレクシス・ジョンソン米国駐日大使とジョン・マケイン太平洋軍司令官が、日本本土の米軍基地五三ヵ所を整理・統合する「ジョンソン・マケイン計画」を練り上げ、日本側と合意する。

幻の横須賀・厚木基地返還

また、ヴェトナムからの米軍撤退を進めていたニクソン政権は、米国の国際収支悪化にも対応すべく、一九七〇年には国防予算の大幅削減を検討し始めた。このため、ジョンソン・マケイン計画の対象となる米軍基地の規模は当初よりも拡大する。同年末、①横須賀基地に駐留する第七艦隊旗艦を佐世保基地に移駐させ、横須賀基地は大部分を返還すること、②第七艦隊空母艦載機の陸上基地である厚木基地も、米軍機・米兵の大部分を普天間基地に移駐させること、③板付基地の返還が日米間で決定した。

横須賀・厚木両基地の返還は、いったん外相・防衛庁長官と駐日大使・太平洋軍司令官のレベルで合意された。だが、その一ヵ月後、佐藤首相自らトーマス・ムーラー統合参謀本部議長と会談して、横須賀返還によって第七艦隊の兵力が削減されることに反対する。在日米軍の急激な縮小が、日本の安全保障に与える影響を恐れたのだ。海上自衛隊も、横須賀基地が自衛隊に移管されても管理できないことを理由に、米軍による横須賀基地の保有をムーラーに要望した。

その結果、翌一九七一年三月には計画が変更され、七二年一二月には逆に横須賀基地を第七艦隊空母の母港とすることが決定される。

厚木基地は、占領の残滓を払拭すべく海上自衛隊に移管したうえで、米軍と共同使用することになったが、繰り返される米軍機事故や自衛隊の雫石事故を受けて、周辺自治体は厚木基地全面返還を主張した。防衛施設庁は基地の一部返還や基地被害への対策強化を約束して、ようやく自治体側から厚木基地の自衛隊移管について合意をとりつけた（『日米同盟の制度化』、『防衛施設庁史』）。

基地の日米共同使用の実態

米軍による自衛隊基地の使用は、日米地位協定第二条第四項bに根拠があるとされる。

合衆国軍隊が一定の期間を限って使用すべき施設及び区域に関しては、合同委員会は、当該施設及び区域に関する協定中に、適用があるこの協定の規定の範囲を明記しなければならない。

国会では「一定の期間を限って」の意味が繰り返し問題視されてきた。日本政府は、厚木基地に関して、米軍専用施設・区域への出入りのつど使用を認めているという建前をとっている。具体的には、米軍哨戒《しょうかい》機が厚木基地にある米軍管轄の修理施設に出入りすることと、米軍輸送機が隣接基地への物資輸送や連絡のために出入りすることを認めるという答弁が行われている（『日米地位協定の考え方』）。

使用期間ではなく使用機や使用方法を限定しているということだが、日本政府が厚木基地に出入りする米軍機の種類や用途を規制している実態はない。日本政府はむしろ、日米地位協定第三条第一項の第二文にもとづいて、自衛隊基地であっても米軍には完全な使用権が認められると解釈している。

日本政府のこうした日米地位協定解釈によって、たとえば、自衛隊機の飛行には航空法を準用した最低安全高度制限がかけられているが、自衛隊基地を出入りする米軍機の飛行には航空法が適用されず低空飛行が行われる、などの状態が生まれる。そのため、米軍から自衛隊に移管された厚木基地は、引き続き米軍が使用しているため、実態として基地の運用のあり方は何も変わらなかった(『在日米軍地位協定』)。

ちなみに現在、厚木基地も含めて、自衛隊管理下にあって米軍との共同使用が行われている基地は、陸上自衛隊が八〇ヵ所(このうち北海道三七ヵ所、東北一七ヵ所)、海上自衛隊が一四ヵ所、航空自衛隊が二五ヵ所、計一一九ヵ所存在する(『米軍と自衛隊が共同使用している防衛施設』)。

第4章　沖縄返還と膨大な米軍基地──密室のなかの五・一五メモ

沖縄での米軍基地拡大

太平洋戦争末期、戦場となった沖縄を占領した米軍は、ただちに日本本土への進攻を目的とした基地建設に着手する。日本の敗戦後、米統合参謀本部が一九四五年一〇月に承認した戦後基地計画で、沖縄は「最重要基地」と位置づけられ、冷戦に備えて新たな軍事戦略を策定するなかで重視された。

トルーマン政権は一九四九年五月、沖縄を長期的に保持し米軍基地を拡充することを決定する。その結果、日本の独立が認められたサンフランシスコ講和条約の第三条で、沖縄は奄美・小笠原諸島とともに引き続き米軍の排他的統治下に置かれることとなった。

沖縄は朝鮮戦争（一九五〇〜五三年）、第一次台湾海峡危機（一九五四〜五五年）、第二次台湾海峡危機（一九五八年）、ヴェトナム戦争の本格化（一九六五〜七三年）を経て米国の軍事拠点として強化されていった。

とりわけ一九五〇年代を通じて、在沖米軍基地の面積は一挙に拡大する。一九五〇年代半ばから海兵隊が日本本土から沖縄に移転し、在沖米軍基地はそれ以前の一・八六倍の約三〇〇平方キロメートルまで増加、日本本土全体の米軍基地とほぼ同等の面積となった（4－1）。

さらに、一九六〇年には地対空ミサイル（通称ホーク）用基地八ヵ所の建設と一・八六平方キロメートルの軍用地接収が、翌六一年には核弾頭の搭載可能な巡航ミサイル（通称メースB）基地四ヵ所の建設が発表される。ミサイル基地の建設と同時並行で、ヴェトナム戦争のための陸軍特殊部隊の配備や海兵隊のゲリラ戦闘訓練場の建設なども行われ、在沖米軍基地は本土の米軍基地を上回る規模へと拡大していく。

日本本土と沖縄の米軍基地面積の逆転は、アジア冷戦のなかで在沖米軍基地が拡大していったことだけによらない。第2章と第3章で述べた通り、一九五〇年代から六〇年代にかけて在日米軍基地が漸進的に縮小されたことも大きく影響している。一九六八年のジョンソン・マケイン計画策定の時点ですでに、本土の米軍基地面積は約二二〇平方キロメートルと、一九五二年の講和条約発効時点の約一三五〇平方キロメートルと比較して六分の一以下にまで減少していた（「沖縄の施政権返還前後における米軍基地の整理統合をめぐる動き」）。

そして、関東地方にある米空軍基地を横田基地に集約する「関東計画」が進んだ一九七四年末には、本土の米軍基地面積はそれ以前の約三分の一の九七平方キロメートルにまで縮小

4－1　**米軍基地（専用施設）面積の推移**（1955～2010年）

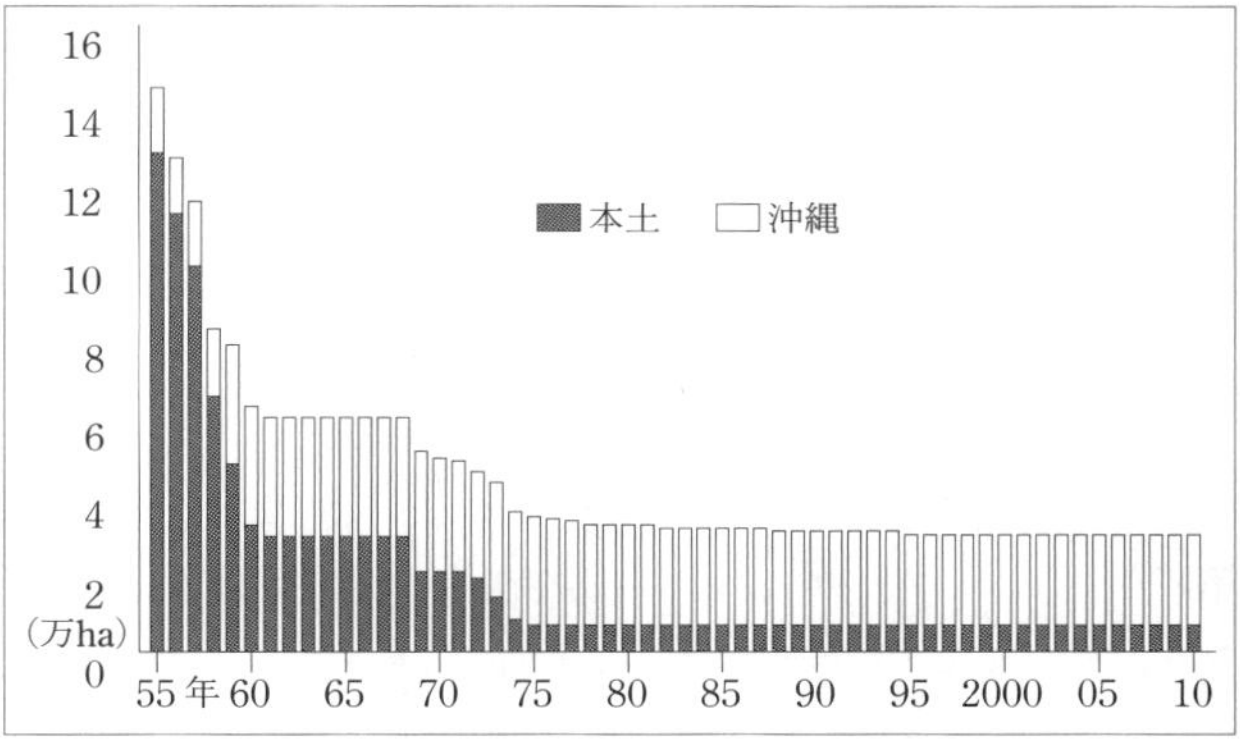

出典：Yahoo! ニュース特集「首都圏にも多かった米軍基地－その跡地から見えるもの」

4－2　**米軍兵力数の推移**（1953～72年）

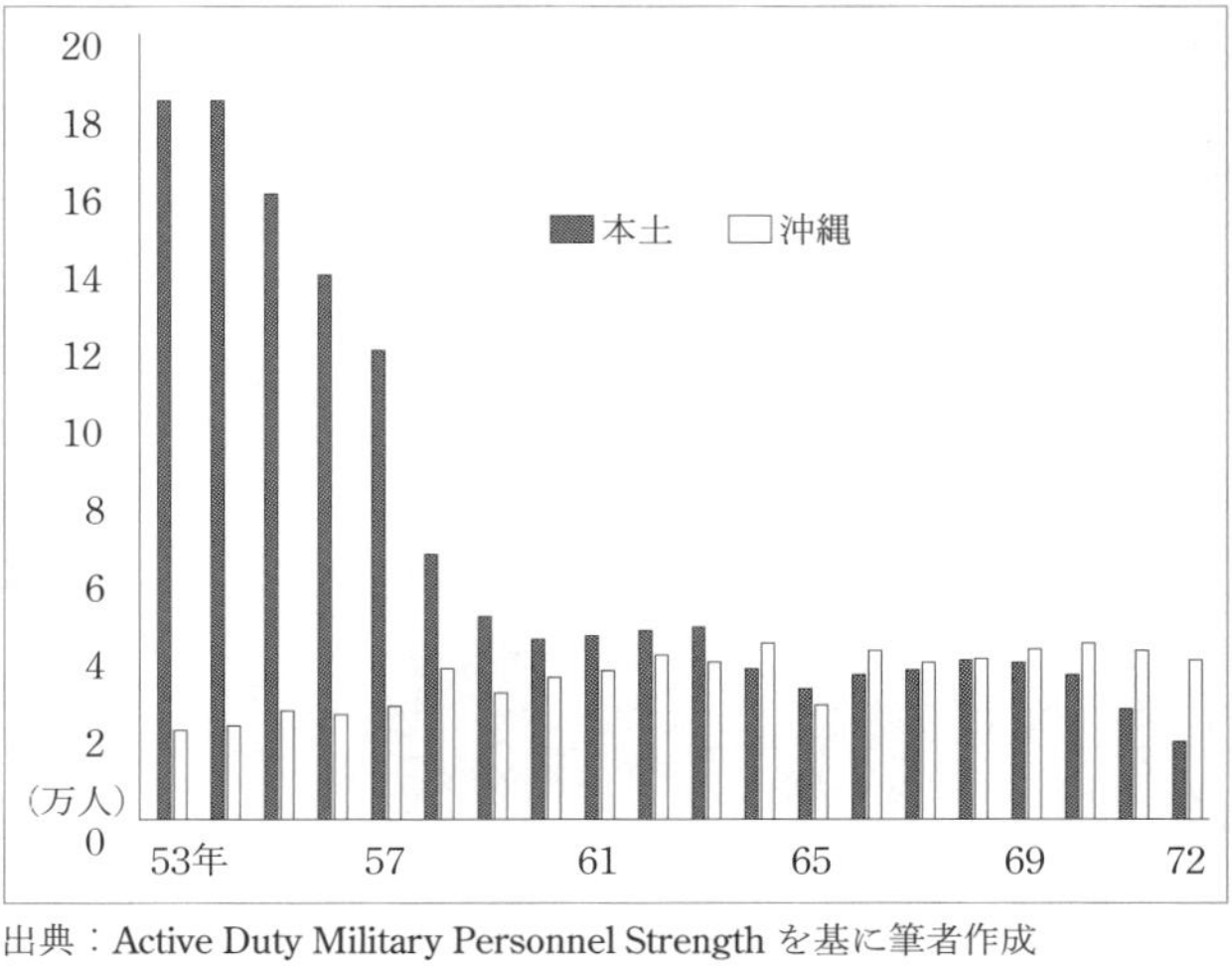

出典：Active Duty Military Personnel Strength を基に筆者作成

する。これに対して、施政権返還からまもない同時期の沖縄の米軍基地面積は約二六六平方キロメートルと、本土の三倍弱の規模であった（新崎『沖縄現代史』）。

米軍基地面積のみならず米軍兵力も沖縄では増加する。一九六八年には本土と沖縄にほぼ同数の兵員が駐留していたのが、翌六九年の沖縄返還合意から返還協定が締結された七二年までの間に、沖縄には本土の倍にあたる約四万人の兵員が駐留するようになった（4－2）。

なぜ日本全体の国土面積の〇・六％にすぎない沖縄に、米軍統治の終了後も在日米軍基地の約四分の三にあたる基地、在日米軍の約三分の二にあたる兵力が集中したのだろうか。その理由は、沖縄返還過程での日米間の攻防にあった。

沖縄返還合意までの道程

ヴェトナム戦争真っただなかの一九六八年の年頭、佐藤栄作首相は沖縄の基地問題を日米両国で「煮つめたい」という決意を語る。この頃には、一九六〇年に改定された日米安保条約で新たに定められた一〇年の条約期限が目前に迫り、与野党とも「七〇年安保闘争」の可能性、つまりは大きな反対運動が起きることを意識していた。自民党にとっては、七〇年安保の前に沖縄の施政権返還の合意を米国からとりつけ、一九六〇年の安保闘争の再来を回避できることが望ましかった。第3章で触れた核搭載艦船寄港やヴェトナム戦争によって、学生運動は激しさを増す一方だった。

　一九六八年は、沖縄の問題が本土でも大きな政治争点となった年だった。北ヴェトナムを爆撃するB52戦略爆撃機の米空軍嘉手納基地への常駐や、米軍の下で自治を行う琉球政府の行政主席の公選実現などで、本土の政党も加わりさまざまな政治活動が展開されたからだ。

　何よりも、沖縄の「本土並み」返還を求める声が、沖縄のみならず本土も巻き込む大きなうねりとなっていった。沖縄の人々が求めていた「本土並み」とは、主に米軍基地に核兵器を持ち込ませず、また米軍基地の規模を本土と同程度にまで縮小するという意味だった。

　弱小派閥の長ゆえに世論に敏感だった三木武夫外相は五月末、佐藤首相が沖縄返還の方針を鮮明にするよりも早く、世論の大多数が求める沖縄の「核抜き・本土並み」返還の可能性をジョンソン駐日大使に質《ただ》した。ジョンソンは三木の質問に答えなかったが、一一月の主席公選で、速やかな沖縄返還と米軍基地の全面撤去を主張する革新勢力の屋良朝苗《やらちょうびょう》が勝利すると、沖縄返還問題を早急に解決して日米関係の安定を維持すべきだという危機感を抱く。

　佐藤首相は、一九六五年八月に米軍占領下の沖縄を日本の首相として初めて訪問し、「沖縄の祖国復帰が実現しない限り、わが国にとって戦後が終わっていない」と演説して以来、沖縄返還への道を模索し続けていた。佐藤は、ヴェトナム戦争を継続中の米国や、米国側の拒絶を予想し沖縄返還に反対する外務省を意識して、慎重にならざるをえなかった。しかし、佐藤が態度を明らかにしない間に世論の沖縄「核抜き・本土並み」返還論は高揚し、一九六九年三月までには佐藤派も含めた自民党の大勢もこれを支持する。

追い込まれた佐藤は、ついに三月一〇日の参議院予算委員会で「核抜き・本土並み」返還の方針を表明した。六月初頭、愛知揆一《あいちきいち》外相が訪米してニクソン政権に一九七二年の沖縄返還を要求。米国側も交渉に入ることに同意する。

沖縄返還をめぐる日米間の大きな争点は、主に二点だった。日本は、沖縄からの核兵器撤去と、日米安保条約・日米地位協定の適用を求めた。それに対して米国は、沖縄への有事の核持ち込みと在沖米軍の戦闘作戦行動の自由を求めたのである。日米安保条約改定後、核持ち込みや日本から紛争地への直接出撃などの米軍の戦闘作戦行動は、事前協議の対象となっていた。だが、米軍部は返還後も占領時代と変わらぬ在沖米軍の運用を望み、在沖米軍基地を事前協議の適用外とすることを要求したのである。

沖縄返還交渉は日米間の対立ではあったが、日本側の要望に理解を示す国務省と、沖縄の既得権益に固執する米軍部との対立によって難航した。両者の対立が妥協の余地を見出せなかったため、ヘンリー・キッシンジャー大統領補佐官（国家安全保障担当）が沖縄返還交渉の主導権を握る。

キッシンジャーは佐藤首相の密使である国際政治学者の若泉敬《わかいずみけい》と面会し、有事の沖縄への核持ち込みを認める密約を結ぶという合意をとりつけた。この密約の存在は、返還交渉を担当する外務省には一切知らされなかった。

同時にキッシンジャーは、戦闘作戦行動などに関する軍部の要求を抑え込み、国務省の立場を支持する。こうして一九六九年一一月、日米両政府は沖縄の「核抜き・本土並み」の施政権返還を決定する共同声明を発表した。在沖米軍は沖縄返還合意直後の一二月初旬、軍事予算の制約から基地労働者二四〇〇人の解雇を発表した。

「本土並み」の障害——米軍の全島基地方式の要望

問題は「本土並み」の中身であった。愛知外相は沖縄返還合意の直後、屋良朝苗琉球政府行政主席と会談し、「米軍は沖縄基地を漸次縮小する。それは予想以上のテンポで進むかもしれない」と説明した。佐藤内閣も外務省も、一九七二年の沖縄返還に向けて在沖米軍基地を整理縮小し、「県民生活の万般における本土並み」を実現することを目指していた（『沖縄返還後の日米安保』）。

日本のこうした意向は、米国とりわけ米軍部の執拗な抵抗に直面する。一九七〇年一〇月にワシントンの日本大使館が愛知外相に送った報告によれば、国防省と国務省双方の担当者から、在沖米軍基地の整理統合を要求すると、沖縄返還に必要な米議会工作に支障が生じ、また米軍部の反発を招くので「最も好ましくない」と言われたという。

日本政府が沖縄の要望で最優先返還候補としていた米軍施設は、牧港《まきみなと》住宅地区、那覇軍港、与儀《よぎ》石油地区、那覇飛行場（現那覇空港および自衛隊那覇基地）、北部《ほくぶ》訓練場だった。しかし米国は日本に対して、在沖米軍は住宅不足なので牧港住宅地区の返還は「考慮する余地なく」、那覇軍港も代わりがないので「受だくしえない」と明言する。

他方、与儀石油地区は撤去もしくは移転したうえでの返還が可能であり、那覇飛行場も自衛隊に移管されるという条件であれば返還を検討するとした。

米国側のこうした態度の背景には、ヴェトナム戦争による財政赤字とドル流出の深刻化があった。ニクソン政権が発足した一九六九年以降、ヴェトナムから米軍が徐々に撤退するなか軍事予算も削減され、各軍が予算を奪い合っていた。守勢の米軍部は、既存の基地を手放すことへの抵抗を従来以上に強めていた。

米国は、「沖縄返還の基本的な前提は、在沖米軍の削減ないし縮小ではなく、その機能の維持にあることは、米政府が議会に対し繰りかえし説明して」おり、「国防総省においては、沖縄復帰は米側の財政支出を伴なわない旨議会に対し固く約束してきた」と主張した。

これに対して外務省は、米国側の自主的判断を待つとともに、財政支出については日本が負担するとして説得を試みる（『日米関係（沖縄返還）三七／一九七〇年ＳＯＦＡの適用（基地の整理・統合）』）。

しかし、在沖米軍基地の整理縮小を妨げた最大の問題は、二七年の長きにわたり沖縄を占領した米軍の基地使用のあり方だった。軍事目的で沖縄を統治する米軍は、沖縄中どこでも自由に基地として使用できるという考えであった。そのため、米軍が常駐するフェンスで囲われた施設だけではなく、訓練用に米軍が一時的に借り上げた民用地もまた基地とされた。一時的に米軍演習場とされる民用地には道路なども含まれ、児童が安全に通学できるように車道の上に歩道橋をかける計画を住民が立てたが、戦車が通行できないという理由で米軍から却下されるようなこともあった。

沖縄のどこでも基地にできるという全島基地方式が維持されれば、基地の場所が特定されない。これが、返還後の在沖米軍基地に日米地位協定を適用するうえで最大の問題となる。しかも米軍部は、沖縄返還後も引き続き全島基地方式で在沖米軍基地を運用できるよう日本側に要求していく。

「岡崎・ラスク方式」回避の追求

愛知外相は一九七〇年一一月半ば、アーミン・マイヤー米国駐日大使と会談した。このときに同席したリチャード・スナイダー公使は、「返還協定批准時より発効までの間に米政府としてあらたなる基地を取得する必要性も出て」くるので、返還する基地の取り扱いには「弾力性を残しておく必要があ」ると主張する（米牛場大使あて愛知大臣発、昭和四五年一一月一六日）。

これに対して愛知外相は、「在沖米軍基地に関しては『岡崎・ラスク方式』は採用できないこととしてゆきたい」と繰り返し主張し、「協定署名後発効時までの間に結着をつける様努力するのが筋」だと述べた（米牛場大使あて愛知大臣発、昭和四五年一一月一六日）。

「岡崎・ラスク方式」とは、日米行政協定調印時に日米両政府が締結した岡崎・ラスク交換公文で合意された内容を指す。米軍が継続使用したい基地や施設について日米合同委員会で協議し、両国の合意が成立しない場合には暫定的に米軍が使用できる方法を意味する。

日米行政協定交渉を通じて抵抗するも、米国の強硬姿勢に屈して岡崎・ラスク交換公文を結んだ日本政府は、独立回復によって米軍が占領していた基地や施設の返還を要請しても、米国側が拒否すれば、暫定といいながら実際には無期限の占拠を受け入れざるをえなかった。

日本政府は日米安保条約改定時、「岡崎・ラスク方式」の廃止を目指す。占領終了時に暫定的使用となっていた基地・施設を日本からの正式提供に改め、これによって交換公文が失効したと見なした。だが一九七〇年代に入っても、先述した赤坂プレスセンターのように米軍が日本政府の返還要請を拒絶して占拠し続ける施設が存在していた。

つまり「岡崎・ラスク方式」を認めれば、沖縄返還協定の発効までに返還の可否が決まらない在沖米軍基地が相当数生まれ、日本が返還を要請しても米軍が拒絶すれば無期限に占拠されることが容易に想像された。そうなれば在沖米軍基地の整理縮小は絵に描いた餅であり、愛知外相はその事態を回避しようとしたのだ。

「岡崎・ラスク方式」への愛知の明確な拒絶に対して、スナイダーは「ならば、唯一の代案は、返還協定案を米国議会へ提出する前に、すべての在沖米軍基地につき合意案に同意しておくこと」だと指摘した（米牛場大使あて愛知大臣発、昭和四五年一一月一六日）。返還協定の批准後に基地の返還計画について話し合うことになれば、「岡崎・ラスク方式」の余地が生まれるので、批准前に返還計画を決定するという提案である。

スナイダーの提案は、沖縄返還後も在沖米軍が引き続き使用する基地のリストを、米国から日本に提出し両国で協議・合意する形で実現する（『日米関係（沖縄返還）三七／一九七〇年SOFAの適用（基地の整理・統合）』）。

米軍部の執拗な抵抗

米軍部は、在沖米軍基地の整理・縮小に頑強に反対した。この問題に関する日本との話し合い自体を拒否し、考えつく限りの整理縮小に反対する理由を並べ立てた。

在沖米軍基地の機能維持が説明できないと米議会が沖縄返還を承認しない、日本本土で基地の整理縮小が進行中なので一時的に部隊を沖縄に移動させる必要がある、韓国などの同盟国に与える心理的動揺が大きい、などである。

一九七〇年一二月二二日付『ニューヨーク・タイムズ』紙は、日本と沖縄の当局者が、米国の税金で築いた在沖米軍基地のなかで返還を希望する長いリストを作成、那覇飛行場、那覇軍港、牧港住宅地域、ホワイト・ビーチなどの最重要施設も入っていると報じた。これらの施設が返還されれば、米海軍の潜水艦やP－3哨戒機部隊などはグアムなどに撤退させられ、第三海兵隊は緊急時の迅速な行動が不可能になり、慢性的な米軍・軍属の住宅不足が悪化すると記事は指摘していた。

この記事の情報源が、在沖米軍関係者であったことは言うまでもない。沖縄返還後も既存の在沖米軍基地はすべて残すのが、一九六九年の佐藤・ニクソン会談で決まった沖縄施政権返還の前提条件だという、軍部の見解を広めようとする意図があった。

『ニューヨーク・タイムズ』紙記事と前後して、一二月二一日には、在沖米軍を統括する高等弁務官が「大幅な在沖縄米軍基地の縮小及び兵力再編成」を発表する。その内容は、わずか四平方キロメートルの不要地の返還と米兵・軍属合わせて五〇〇〇人の削減であった。日本が返還を求める那覇空港に関しては、「当分なんの変更も加えることは考えていない」と明言していた。この発表の狙いはむしろ、軍事予算削減に対応した基地従業員の整理方針の公表であり、約三〇〇〇人の沖縄の基地従業員の解雇が通告される。

米国駐日大使館の説明によれば、このような在沖米軍の執拗な抵抗は、沖縄復帰後には在沖米軍基地の軍用地料が日本政府の負担となるので、「ただになる」基地を少しでも多く残そうという動機からも来ていた。

外務省は米国に対して、国民の目に見える沖縄復帰の象徴として、いくつかの基地の返還と在沖米軍基地の全体的な規模縮小が不可欠だと主張した。また、沖縄復帰後の在沖米軍基地に日米地位協定を適用する際、原則として返還される土地も含めて民用地の米軍使用は認められないとした。

外務省の念頭にあったのは、那覇空港（那覇飛行場）の返還問題であった。米軍部は自衛隊へ移管しての共同使用を望んでいたが、日本は世論の意向から自衛隊基地化には消極的で、民間空港としての返還を求める。米軍部は、もし返還された那覇空港が民用地となってもP－3の離発着を認めるよう、なお要求する（『日米関係（沖縄返還）三七／一九七〇年SOFAの適用（基地の整理・統合）』）。

北部訓練場

日米地位協定の適用上、民用地の米軍使用は認められないという方針を外務省が打ち出したことは、北部訓練場の一部返還に思いがけない影響を及ぼした。

在沖米軍は一九五〇年代から、国頭村《くにがみそん》と東村に接した国有林を接収して海兵隊北部訓練場として使用していた。この国有林は林業で生計を立てる地元住民の生活基盤であったため、森林のなかにフェンスは設けられず訓練場と民用地が混在していた。

一九六〇年代に入りヴェトナム戦争が本格化すると、海兵隊は北部訓練場でゲリラ訓練を行うため、国頭村の政府道二号線沿いに「三五棟程度の掘っ立て小屋からなるネイティブ・スタイルの村」を建設、地元住民を「ヴェトコン」として動員し訓練を行ったこともある。沖縄返還合意の翌一九七〇年末、海兵隊は北部訓練場のある国有林に「新たな演習場」を確保して実弾砲撃訓練を行う計画を立て、訓練中は近隣の政府道二号線も海兵隊管理下に置こうとした。

在沖米軍司令部であるUSCARは、地元の反対や自然破壊を理由に同訓練の場所を離島にすべきだと勧告する。また国頭村民による訓練阻止闘争、復帰に備えて選出された沖縄県選出国会議員や国際自然保護団体からの反対もあって、訓練は中止に追い込まれた。だが「新たな演習場」はそのまま確保されることとなる。

このことは、海兵隊が沖縄復帰を目前にして境界があいまいな北部訓練場の領域を広く確保し、近隣の民用地が柔軟に使えなくなることに備えようとしたともとれる。

また、海兵隊は北部訓練場外の隣接地域に二つの許可訓練場を持ち、進入訓練道として使用してきた。そのうち国頭村の民用地を借り上げていた安波《あは》訓練場について、施政権返還前日の一九七二年五月一四日まで使用を延長する許可を国頭村から得る。安波訓練場は結局、沖縄復帰後も返還されることなく、地位協定第二条第四項（b）にもとづいた一時使用訓練場として、海兵隊による使用が正当化される（「米施政権下における北部訓練場の軍事的土地利用はいかになされたか」）。

日本側の抵抗――北部訓練場整理縮小の試み

北部訓練場の一部返還を求めていた日本政府は、海兵隊による復帰直前の北部訓練場拡大の動きに何らかの対応を行ったのだろうか。

外務省は、米国駐日大使館からの説明で、北部訓練場の「外辺部分は実際の訓練地域へのアクセスのために〔米軍が〕確保している」実情を把握していた。外務省は、米軍のこのような基地運用に異議を唱え、「地位協定五条で施設区域へのアクセスは確保されているのだから、訓練に全く使用することなく、ただ通過のためにのみ必要な部分を施設地域とすることとは適当ではない」と米国に主張する。そして、「海兵隊の訓練地域はかなりの面積を減じ得る」と迫った（米保「沖縄海兵訓練地域の縮小の可能性についての内話」昭和四六年四月一日）。さらに、「いくつかの施設を併せて一つのものと数えるなどして、数を少なくすることは全くナンセンスだと思っている。重要なのは規模即ち面積であって可能な限りこれを減ずることこそ重要と信ずる。この意味で、訓練地域も実際に訓練に使うことがない部分は切るべし」と主張する（米保「沖縄海兵訓練地域の縮小の可能性についての内話」昭和四六年四月一日）。

また外務省は、許可訓練場が「地位協定とは全くなじまない性質のもの」だと考える（条・条「在沖米軍施設に関する所見」昭和四六年二月六日）。日米地位協定第二条は、米軍が使用する基地・施設の場所や範囲を特定したうえで、日本から提供すると定めている。

外務省は、米軍が日米地位協定第二条第四項（b）を根拠に、施政権返還後も在沖米軍基地の全島基地方式の運用を変えないだろうと正しく予測していた。

第二条第四項（b）とは、米軍と自衛隊による基地の共同使用を想定して、日本の施設を米軍が一時使用するためにつくられた規定である。神戸市所有の神戸港湾ビルを米軍に使わせるために適用した先例があり、民用地・施設を米軍が一時使用する際の根拠となっていた。

外務省は、北部訓練場の面積が減少すると見せかけて許可訓練場が増え、全体として面積が拡大するという結果を恐れていた。防衛施設庁の調査によれば、北部演習場近隣の許可訓練場は約八〇平方キロメートルに及ぶ広大なものだったからだ（『日米関係（沖縄返還）三七／一九七〇年SOFAの適用（基地の整理・統合）』）。

那覇周辺施設への絞り込みへ

しかし外務省は一九七一年一月、屋良朝苗琉球政府行政主席に対して、現時点での在沖米軍基地の縮小は困難だと説明した。これは、米国側のとりつく島もない対応を反映していた。そのため、外務省は「面積」から「那覇周辺の施設」へと整理縮小対象を絞る。吉野文六《よしのぶんろく》アメリカ局長は三月、那覇周辺の『目立つ』区域の開放」だけでも沖縄復帰時に実現させるようスナイダー駐日公使に要請する。

だがスナイダーは、「日本政府は、米国の軍事的要請にとやかく言おうとすべきではない」と一蹴した。

那覇空港、那覇軍港、牧港住宅地区、与儀石油地区といった那覇周辺の米軍基地・施設のうち、米国側がこの時点で返還可能だとしていたのは与儀石油地区のみだった。

日本は状況を好転させようと、P－3の移転費用を負担すると申し出ることで那覇空港の完全返還について米国の同意を引き出した。ただし、P－3の撤去は沖縄復帰に間に合わず、那覇空港は民間空港となったものの滑走路、誘導路に日米地位協定第二条第四項（b）が適用され、米軍も使用した（同時に那覇空港内に米軍専用施設も設けられた）。P－3が一九七五年に嘉手納基地に移転してようやく、那覇空港は全面返還される。

沖縄返還協定――先送りされた基地の整理縮小

一九七一年六月一七日、日米両政府間で沖縄返還協定が調印された。しかし、沖縄復帰によって返還される基地は全体のわずか一五％の約五〇平方キロメートルにすぎず、在沖米軍が継続使用する基地の面積は二八七平方キロメートルであった。

屋良主席は返還協定調印の当日、この結果に不満を表明し、「今後とも県民世論を背景にして基地の整理縮小を要求し続け」ると述べた。社会党や共産党などの野党も在沖米軍基地の強化を目指すものだとして協定内容を批判し、場外で大規模なデモを行う一方で協定批准のための国会審議を空転させる。

自民党は一一月一七日に衆議院特別委員会で沖縄返還協定を強行採決したが、混乱を収拾すべく二四日、公明党や民社党と共同で「非核兵器ならびに沖縄米軍基地縮小に関する決議案」を採択、「沖縄米軍基地についてすみやかな縮小整理の措置をとる」よう政府に求めた（『沖縄返還後の日米安保』）。

公明党は一九六九年一一月に在沖米軍基地の実態調査結果を発表し、米軍基地の総数を一

沖縄返還協定調印，首相官邸，1971年6月17日　マイヤー駐日大使（中央左），愛知揆一外相（中央右），その右に佐藤栄作首相

四八ヵ所としたうえで、そのうち五七基地が全面返還可能、四三基地が一部返還可能だと結論づけていた。そして、沖縄の米軍基地の密度は本土の二百十数倍あるが、佐藤内閣は「本土並み」に減らすための具体的な方針を示していないと批判していた。民社党もまた佐藤首相に対して「完全本土並み返還」を要求していた（「沖縄の施政権返還前後における米軍基地の整理統合をめぐる動き」）。

決議と同日、衆議院本会議で沖縄返還協定の批准が可決される。佐藤首相は採決後、在沖米軍基地の整理縮小について「復帰後すみやかに実現できるよう、現在からこの問題に真剣に取り組む方針」を表明した。参議院本会議での可決は、自然承認前日の一二月二二日となった。

佐藤内閣は、在沖米軍基地の整理縮小を返還後の課題として先送りすることで、返還協定の批准を実現させたのだ。

だが、沖縄米軍基地縮小決議の採択直前、吉野アメリカ局長はスナイダー公使に対して、決議は「日本政府を拘束しないし、いかなる場合でも佐藤が政権の座を去った後は『有効』ではない」と説明した。決議が空手形にすぎないことが、米国側に対して採択前に示唆されていたということになる。

スナイダーは吉野に対し、日本政府が決議にもとづいた行動をとらないよう釘を刺した。ただし米国駐日大使館は、日米両政府の協議の場を設けて在沖米軍基地の整理縮小を検討することで、佐藤の顔を立てる必要性を認識し、本国政府にもそのように勧告した。

その結果が、一九七二年一月初旬のサンクレメンテにおける日米首脳会談後の共同声明である。ここで、在沖米軍基地について日本が「復帰後出来る限り整理縮小されることが必要」だと要請し、米国も「双方に受諾しうる施設・区域の調整を安保条約の目的に沿いつつ復帰後行なう」と応じたことが発表される。また、沖縄返還の期日が同年五月一五日に決まったことも公表された。

結局、在沖米軍基地の整理縮小が返還後の課題とされ、愛知外相が阻止しようとした「岡崎・ラスク方式」が、現実のものとなる。在沖米軍基地の整理縮小問題は、田中角栄内閣に託されることになる。佐藤派に所属していた田中は、佐藤が後継者と目していた福田赳夫を押しのけ、佐藤派を割って総裁選に出馬・勝利した。

非公表の五・一五メモ――返還前と同様の基地使用

一九七二年五月一五日、沖縄の施政権は米国から日本に返還された。

この日に開催された日米合同委員会では、在沖米軍基地に関する協定が締結され、八七ヵ所、二八七平方キロメートルの基地が日米地位協定にもとづいて提供されることになる。同時に、在沖米軍基地の使用条件や期間などの詳細を定めた、全文で二六〇ページにのぼる「五・一五メモ」が日米両国の合意のもとに作成された。

このメモでは、在沖米軍は原則として返還前と変わらぬ基地の使用が認められ、訓練の際には住民が日常的に利用する県道の封鎖や貯水池の使用などが許可されたほか、飛行場以外の基地でも上空訓練が可能な内容となっていた。

五・一五メモは非公表とされたが、返還翌年の一九七三年四月にその存在が明らかになる。恩納村《おんなそん》と金武村《きんそん》を結ぶ県道一〇四号線が海兵隊による実弾射撃訓練のために封鎖され、沖縄県や恩納村、地域住民が日本政府と米軍に抗議した際に受けた説明でその存在が発覚したからだ。五・一五メモでは県道が「米軍への提供施設」とされ、「米軍が常時使用してもよい」が「米軍の活動を妨げない限り一般住民の使用が認められて」いた（「地位協定と沖縄」）。

続いて一九七四年七月には、海兵隊の伊江島《いえじま》補助飛行場で核模擬爆弾の投下訓練が実施されていた事実が明らかになる。投下の瞬間の写真が公表されたからだ。佐藤首相が「非核兵器ならびに沖縄米軍基地縮小に関する決議案」にもとづき、「復帰後は模擬弾といえども、核訓練はさせない」と明言した約束が守られていなかったことを示す写真は、国会でも取り上げられ波紋を呼んだ。

五・一五メモには、在沖米軍が訓練で使用できる兵器は「訓練のために水陸両用部隊が通常装備する兵器」、「通常弾」、「通常訓練弾」と明記されている。これはいいかえれば、明確に核兵器だと判断されなければ通常兵器と見なせるということである。

五・一五メモの二つの問題

一九七七年七月には、名護市のキャンプ・シュワブ内でハリアー機の垂直離発着訓練が行われた。名護市が防衛施設庁告示第一二号を根拠に、同キャンプで使用されるのは地上と水域のはずだと抗議したところ、米軍は空域使用も五・一五メモで認められていると回答する。

沖縄県は「米軍による基地使用の実態が不明確であり、基地の存在及びその運用はとくに基地周辺における地域住民の生活と大きくかかわる」以上、県は五・一五メモを知る権利があるとしてメモの公表を政府に要求する。防衛施設庁が五・一五メモの一部公開に応じ、在沖米軍基地二二ヵ所の使用目的、使用条件について公表したのは一九七八年のことであった。

その後一九九七年一月には、米海兵隊ハリアー機が九五年一二月から翌年一月にかけて、三回にわたり鳥島《とりしま》射爆撃場で劣化ウラン弾を誤って使用したことが判明、沖縄県は政府へ「沖縄問題の取り決めなのに、何が取り決められているか分からない」と五・一五メモの全面公開を求め、政府も全面公開に近い形で応じた。

佐藤内閣や外務省が当初目指した在沖米軍基地の整理縮小は、ほぼ達成できなかった。全島基地方式の運用は五・一五メモによって返還後も維持され、住民の生活圏で米軍訓練が継続されたことは沖縄にとって深刻な問題であった。沖縄県や住民は五・一五メモの存在さえ知らされていなかった。

五・一五メモの存在は、日米地位協定の運用で在沖米軍基地だけが例外的な扱いを受けていることを意味しているわけではない。たとえば、板付基地も一九七二年に返還されて福岡空港として民用化されたが、その滑走路は現在に至るまで日米地位協定第二条第四項（b）によって米軍の緊急時の一時使用が許可されている。

五・一五メモの問題は、第一に、米軍の一時使用を認めた民用地が多すぎることにある。在沖米軍基地の整理縮小を求める日本と抵抗する米国との攻防の決着がつかず、佐藤内閣が返還後も残る基地を形のうえだけでも少なく見せかけようとした結果だと推察される。五・

一五メモを非公表にすることで、佐藤内閣は返還後の在沖米軍基地の実態について国民の目を欺《あざむ》いていた。

第二に、県道や貯水池など住民の生活に不可欠な場所での米軍訓練を認めたことである。日米地位協定では、米軍は使用した基地を返還する際に原状回復の義務を負わない。つまり、訓練によって道路が破壊されたり水が汚染されても、米軍は何ら責任をとる必要がない。そのため、民用地での訓練を避けるインセンティブが働きにくい。

沖縄の住民は返還後も日本政府に守られることなく、米軍に対する自らの抗議行動によって生活圏を守るべく闘うしかなかった。

返還後の在沖米軍基地整理縮小――巨額な日本の負担

ヴェトナムからの「名誉ある撤退」を掲げて一九六九年に発足したニクソン政権は、翌一九七〇年に「ニクソン・ドクトリン」を発表し、アジアの米軍プレゼンス縮小を決定、七二年までに南ヴェトナムから約四七万人、韓国から約二万人、フィリピンから約一万人の米軍をひきあげる。

また、一九七二年には沖縄返還と並行して米中接近、朝鮮半島南北共同声明の発表、日中国交正常化が実現し、翌七三年一月にはヴェトナム和平協定が調印された。さらにこの年から、関東地方の米軍基地を横田基地に集約する関東計画が始まる。

一九七二年七月に発足した田中内閣は、アジアの緊張緩和を理由に在沖米軍基地の整理縮小を求めた。だが、米軍部はヴェトナム戦争後のアジア情勢が流動的だと言い、ヴェトナムから撤退した海兵隊の移転先であり、関東計画でさらに重要性が高まった在沖米軍基地に固執した。

他方、深刻な財政赤字を抱えるニクソン政権は、日本政府が在日米軍の今後の費用負担を増やすのであれば、在沖米軍基地の縮小に応じてもよいと考えていた。国務省は統合参謀本部に対し、沖縄も含めた在日米軍基地の安定的な維持や日本側の負担分担を引き出すためには、整理縮小を進めることが有益だと説得する。

田中内閣も当初は、日本の費用負担を条件とする基地の整理縮小に積極的だった。一九七三年一月、東京で開催された日米安全保障協議委員会（ＳＣＣ）で那覇空港の完全返還と牧港住宅地区の一部返還が合意される。

このとき日本側は、Ｐ－３の嘉手納基地内の代替施設建設および普天間基地の改修工事の費用や、青森県三沢基地の施設建設費用、牧港の米軍住宅二〇〇戸の移転費用など約五〇〇億円を引き受けた。普天間基地は一九六八年には閉鎖が検討されていたが、Ｐ－３移転を機に嘉手納基地の補助飛行場としてジェット機が使用できるよう機能強化される。

日米地位協定第二四条では在日米軍の駐留経費は米国の負担となっており、米軍の移転費用を日本が負担することは日米地位協定違反ではないかという批判が国内からあがった。これに対して大平正芳外相は、新築ではない代替施設の建設は地位協定第二四条を逸脱しないという国会答弁で、日本側の対応を正当化する。これは「大平答弁」と呼ばれることになる。

しかし、一一月に米国がさらなる在沖米軍基地縮小計画を提示してきたとき、田中内閣の姿勢は変わる。

前月には第四次中東戦争が勃発し、それ以前からインフレ傾向にあった日本経済は第一次石油危機で大きな打撃を受けていた。そうしたタイミングで、日本が移転費用約二〇〇〇億円を支払う条件での基地二九ヵ所の全面返還、一九ヵ所の部分返還の提案だった。田中内閣は、移転費用が「天文学的」で「実現するのは、政治的経済的に不可能」だと回答した。米国は、「日本側より米軍基地の整理・統合計画については財政的制約はない旨の説明があったことと矛盾する」と不満を露わにした。

結局、翌一九七四年一月の日米安全保障協議委員会では三八の在沖米軍基地の返還が合意されたが、沖縄が要望する那覇軍港や牧港住宅地区の完全返還は県内移設が条件とされ、北部訓練場のうち無条件で返還される場所は不要な山林や原野にとどまった。それでも、日本側が新たに負う移転費用は一〇〇〇億円以上にのぼった(『沖縄返還後の日米安保』)。

第5章　「思いやり予算」の膨張——「援助」の拡大解釈

「思いやり予算」の起源

一九六九年一一月、大蔵省の柏木雄介《かしわぎゆうすけ》財務官と米財務省のアンソニー・ジューリック財務長官特別顧問との間で沖縄返還にともなう秘密の了解覚書（柏木・ジューリック覚書）が交わされた。この覚書にもとづき日本政府は次のような対米支払いに応じることになる。

一、沖縄のドルを円と交換するにあたり、六〇〇〇万ドルあるいは両替した額、いずれか大きい方の金額をニューヨーク連邦準備銀行の無利子口座に二五年間預け入れる

二、民生用および共同利用の資産として、一億七五〇〇万ドルを現金による五年間の年賦払いで支払う

三、「復帰に関連する軍事施設の移転コスト及びその他のコスト」として、二億ドル（のちに七五〇〇万ドルに減額し、うち六五〇〇万ドル分を「施設修繕費」に充当）を物品・

役務の形で七年にわたり提供する
四、社会保障費として沖縄の基地労働者の年金などの増加分、三三〇〇万ドルを支払う

このうち三番目の了解事項がのちに新たな問題を生む。ウィリアム・ロジャーズ国務長官が一九七一年六月九日の愛知揆一外相との会談で、施設修繕費六五〇〇万ドルの使途について日米地位協定第二四条の「リベラルな解釈」を求めたのだ。

第二四条第二項は、在日米軍の駐留経費に関する日本側の負担について、軍用地の接収費用と軍用地主への補償に限定している。しかし米国は、沖縄施政権返還にかかる費用を日本にも負担させ、そのうち在沖米軍基地の施設修繕費については沖縄に限らず日本本土の米軍基地にも使いたいとした。外務省は日米地位協定第二四条に抵触すると難色を示した。だが、愛知外相は外務省の反対を押し切り、「責任をもって」ロジャーズの求めに応じる。

その結果、六五〇〇万ドルは、在日米軍が五年間にわたり物品と役務にかかる費用として使うことになる。国際政治学者の我部政明は、この施設修繕費こそ一九七八年以降本格化する日本政府による在日米軍駐留経費の負担、いわゆる「思いやり予算」の起源だと指摘する（『沖縄返還とは何だったのか』）。

また、四番目の了解事項は、沖縄返還にともない、在沖米軍基地労働者が日米地位協定下

で日本政府による間接雇用の対象となるにあたっての措置だった。財政赤字に苦しむ米国が、沖縄の基地労働者にも日本国内法令が適用され社会保障費の負担が発生した場合、支払いは困難だとして日本に負担させたのだ。米軍にとって、賃金はともかく、社会保険料の事業主負担分や福利厚生費、労務管理費などは「直接必要でない経費」であった。

日米地位協定第一二条第五項は、基地労働者の社会保障費については日本の法令が適用されるが、「別段の合意」がある場合は例外だと定めている。しかし、条文上の「別段の合意」にあたるのは、第一二条第六項の保安解雇の規定に関するもののみという日本の解釈に対して、米国は基地労働者が結ぶ基本労務契約も「別段の合意」にあたり、日本の労働法令を遵守する必要はないと主張してきた（『日米地位協定の考え方』）。

そのため、復帰後の沖縄の基地労働者に対する社会保障費などの手当ての必要性を主張する日本に対し、財政赤字に苦しみ、基地労働者への日本法令適用に消極的な米国がその負担を押しつけたといえる。

結局、この柏木・ジューリック覚書によって、基地労働者の社会保障費を日本が負担する先例ができ、のちの「思いやり予算」誕生につながっていく。

一九七一年六月一七日に沖縄返還協定が調印された際、第七条で日本政府による三億二〇〇〇万ドルの対米支払いが盛り込まれていた。その内訳は資産引き継ぎ補償費一億七五〇〇万ドル、基地従業員の退職金七五〇〇万ドル、核兵器撤去費七〇〇〇万ドルだと説明された。だが返還協定上の金額とその内訳は表向きの数字にすぎず、実際の数字は密約である柏木・ジューリック覚書に記されていた通りである。

外務省の難色――労務費の日本負担

「思いやり予算」とは、在日米軍駐留経費のうち日米地位協定に規定のない日本の負担のことを指す。沖縄返還および米軍基地の整理縮小と関連して、日本政府が在日米軍に対する財政的支援を行った当時、この言葉はまだなかった。日米地位協定で定められていないにもかかわらず、日本政府の毎年の予算のなかに在日米軍の労務費や施設費が組み込まれるようになったのは、一九七八年以降のことになる。

米軍部は一九七六年から公然と、在日米軍駐留経費とりわけ労務費に関する日本の負担への期待を表明するようになった。その背景には、基地労働者の削減を進めながらも、日本国内の物価上昇などのために労務費が増大したことによる。一九六八年には一億四三〇〇万ドルだった労務費は、七五年には三倍の四億ドルまで増えていた。財政赤字の続く米国政府にとって、在日米軍駐留経費の増大は在日米軍の存続に関わる問題であった。

一九七六年七月八日の日米安全保障協議委員会では、ノエル・ゲイラー米太平洋軍司令官が沖縄返還以降の在日米軍の労務費上昇について問題提起し、在日米軍駐留経費の負担分担についての協議開始を日本側と合意した。この際、斎藤一郎防衛施設庁長官が「米国側の立場を理解し、事態の改善に最善を尽くす覚悟である」と述べたことで、国防省は「日本が米国の防衛設備の費用をもっと引き受けるかもしれない」と期待を高める。

一九七七年三月の日米首脳会談でも、ジミー・カーター大統領は福田赳夫首相に対して、急激に上昇している在日米軍の労務費が米議会でも問題になっているとして、費用の一部負担を要請した。福田首相は、現在の日米地位協定の枠内で「米国側を支援する『方法と対策』を探す」と答えている。

日本はこの時点では、米国が期待する日本人基地労働者の社会保障費や退職金を恒常的に日本政府が負担することは、日米地位協定の枠を超えるので困難だと考えていた。とりわけ外務省が、日米地位協定の条文の解釈はすでに国会で詳細に検討されており、解釈の変更はもとより日米地位協定自体の改定も困難だと、労務費の分担に難色を示していた。

外務省はむしろ、在日米軍基地の整理縮小にかかる移転費用の面で積極的に協力する旨を米国側に伝えている。不足している米軍住宅を新たに岩国や三沢に建設することで、労務費の負担分を相殺するという提案も行われた。

防衛庁の理解――負担受け入れへ

他方、防衛庁および防衛施設庁は労務費の引き受けに肯定的であり、健康保険や退職金などの労務費を日本が分担するための基礎作業を開始した。七七年九月のハロルド・ブラウン国防長官との会談で、三原朝雄《みはらあさお》防衛庁長官は日米地位協定をめぐる日米間の見解の相違があるとしながらも、労務費の分担を前向きに検討すると述べている。

防衛庁のこうした姿勢には、二つの意図があった。一つには、戦後長らく外務省が主導権を握ってきた日米安全保障問題で発言力を高めるためである。もう一つには、在日米軍が主に沖縄で基地労働者の大規模な解雇を実施したことによる、基地労働者の抗議運動への対応だった。

福田内閣や社会党も、基地労働者の大量解雇が沖縄で混乱を引き起こしたことを問題視していた。基地労働者の解雇を阻止するためには、日米地位協定の枠内で労務費の分担を受け入れるべきだと考える。

外務省、防衛施設庁、内閣法制局は、在日米軍の支出のなかで日米地位協定第二四条に規定された「米軍維持にともなうすべての経費」に該当しないものを精査する。そこから、日本人基地労働者の福利厚生費なら日本が負担できると考えるに至る。日本人基地労働者の給与は米軍の負担だが、それ以外は「地位協定で米側負担が義務づけられている経費ではない」という解釈をとったのだ。

こうして、一九七七年末の日米合同委員会で、日本人基地労働者の労務費のうち計六一億八六〇〇万円を日本政府が引き受けることが合意された。外務省は翌年一月、この約六二億円が「地位協定の枠内において最大限可能な額」であり、国会対策上これ以上の労務費の分担は困難であることを国務省に念押ししている（『沖縄返還後の日米安保』）。

「大平答弁」の拡大解釈へ

しかしカーター政権は、日本政府による労務費の一部負担の決定は「先例となるブレイク・スルー」だが、「雰囲気を台無しにするほど」少ない金額だと失望していた。

当時、米国の対日貿易赤字は悪化の一途をたどっていた。米会計検査院は一九七七年六月、上下両院議長に対して日米間の「公平な防衛費分担に関する取り決めを検討すべき」だと勧告、労務費の負担分担や基地の共同使用を検討するよう求めていた。会計検査院は続いて同年八月にも海外米軍基地労働者の経費に関する報告書を発表する。在日米軍の一九七七年度賃金支払い額二億七〇〇〇万ドルのうち、二六三〇万ドルが現地の一般賃金水準と比べて過剰支払いだと指摘、早急な改善をうながす。

こうした米国内の圧力から、ジョージ・ラヴィング在日米軍司令官は一九七八年四月に亘《わた》理彰《りあきら》防衛施設庁長官などと会談、円高ドル安の進行で在日米軍駐留経費とりわけ基地外に住む在日米軍人の家賃が上昇しているとして、基地内に住宅を建設する費用の負担を要請した。また、老朽化している基地内の施設の改修費用を日本に求めている。会談内容を報告された金丸信防衛庁長官は、「思い切った増額を考えてみてくれ」と指示した。

在韓米軍の撤退を公約に掲げて一九七七年一月に就任したカーター大統領が、韓国から六〇〇〇人の米陸軍を撤退させたことから、当時の日本政府内外では米国のアジア離れを懸念する声が挙がっていた。金丸は、欧州重視の米国が「いざというとき、日本を助けてくれるの」かという国内の不安を解消するには、「アメリカの兵隊を傭兵として使う…金も要るのだ」と判断する。同時に、防衛庁長官となった金丸には、日本政府内で安全保障問題における主導権を得ようとする野心があった(『沖縄返還後の日米安保』)。

防衛庁に主導権を奪われたくない外務省もまた、在日米軍基地内の住宅建設や施設改修の費用を日本政府が負担することを正当化しようとする。外務省は一九七三年の「大平答弁」で、施設費の負担は代替施設の建設に限るとしていた。しかし、外務省は大平答弁の拡大解釈を試みる。

大平答弁は、既存の基地の移設や改修に関して、日米地位協定の解釈ではなく「運用面の指針」を述べたにすぎず、日米地位協定第二条にもとづく施設の新規提供を日本側の費用負担でできないという意味ではない、と説明したのだ（『日米地位協定の考え方』）。

「思いやり予算」の開始

日本側の積極姿勢に勢いづいた米国側は、さらに労務費負担の増額を日本政府にたたみかけた。在沖米陸軍は一九七八年三月、牧港補給地区を海兵隊に移管するにあたり現地の基地労働者を解雇すると発表していた。カーター政権は六月、福田内閣に対して「労働者の賃金や福祉手当を支払う何らかの手段を見つけない限り、陸軍は、九月三〇日までに、八〇〇人もの労働者を解雇しなければならない」と通告する。沖縄の基地労働者の大量解雇を回避したければ、労務費の一部を肩代わりするよう迫ったのだ。

復帰後の沖縄は失業率が七％と全国で最も高く、基地労働者の大規模解雇の実施はさらなる失業率の悪化を意味した。福田内閣のみならず、社会党や沖縄県および県議会も事態を憂慮した。金丸防衛庁長官は急遽訪米し、ブラウン国防長官に「思いやりをもって」基地労働者の退職金の一部を新たに負担する考えを述べ、解雇する基地労働者の数の縮小を要請する。その結果、解雇者の数は八五一人から四五四人へと約半数に縮小された。

帰国後の六月二九日、金丸は参議院内閣委員会で、「駐留経費の問題については〔中略〕『思いやり』の立場で地位協定の範囲内で出来る限りの努力を払いたい」と答弁する。これが「思いやり予算」の語源となった。

七月には、日米地位協定第二四条の新見解が政府内でまとめられる。日本は在日米軍関係施設の移設・改修だけではなく新築の費用も負担でき、日米地位協定に規定のない労務費の負担も国会の承認があれば日米地位協定の範囲内と見なすと、関係省庁間で合意された。

一二月末の日米合同委員会では、一九七九年四月一日以降は基地労働者の格差給、語学手当、退職金のうち国家公務員の水準を上回る部分、格差給および語学手当以外の諸手当への算入分について日本側が新たに負担することが正式に合意された。一九七九年分は前年度の負担も合わせ、日本側が約二八〇億円を支払うことも決定された。また、日本の負担で横田基地、厚木基地内に米軍の家族住宅を建設することも取り決められる（「日米地位協定の運用と変容」）。

日米貿易摩擦と「思いやり予算」の膨張

一九七九年の第二次石油危機以降、米国が不況に陥るなか、ロナルド・レーガン政権が八一年一月に発足した。最初の二年間にはカーター前政権期よりも深刻な景気後退に見舞われ、八一年には戦後最悪となる一万七〇〇〇社の倒産、翌年には戦後最悪の一〇％超の失業率に直面する。

そのため、一九八一年五月に訪米した鈴木善幸首相を迎えたレーガン大統領は、首脳会談後の日米共同声明に、日本が「在日米軍の財政的負担を軽減するためなお一層の努力を行うよう努める」という一文を入れさせた。

レーガン政権は施設費の増額に加え、基地労働者の給与の全額負担、米軍基地の光熱費および水道料金の日本負担などを求めていく。日本政府は施設費の増額には応じたが、日米地位協定の解釈上、基地労働者の給与や光熱水料の日本側負担は困難だという見解を繰り返した。

しかし一九八五年九月、先進国五ヵ国がドル高是正のために為替市場への協調介入に合意した「プラザ合意」が成立すると、円で支払われる基地労働者の給与は円高の影響で米国側に年間二億ドルの負担増大をもたらす。翌一九八六年九月、ジョージ・ブッシュ副大統領は訪米した栗原祐幸《くりはらゆうこう》防衛庁長官に、重ねて基地労働者の給与を中心とした日本の在日米軍駐留経費の負担増を求めた。

一九八五年には、米国の貿易赤字一四八五億ドルのうち対日赤字が約三分の一にあたる四九七億ドルに達し、日米貿易摩擦は激化していた。中曽根康弘内閣は日米関係の悪化を避けるため一九八六年末、光熱水料の負担には日米地位協定上応じられないが、給与については日米地位協定に関する労務費特別協定を締結して応じるという決断を下す。

この結果、調整手当、扶養手当、通勤手当、住居手当、夏季手当、年末手当、年度末手当、退職手当、計八種類の経費の二分の一に相当する金額を限度として日本の負担が決まる。ただし、この労務費特別協定はあくまで暫定的な特例措置だとして、有効期間は一九八六年度から五年間とされた。

ところが、竹下登内閣は一九八八年三月、労務費特別協定の改正に踏み切る。イラン・イラク戦争の激化にともなうホルムズ海峡の安全航行確保のための協力要請という建前で、米国からさらなる在日米軍駐留経費の負担を迫られた結果だった。

労務費特別協定の改正によって、労務費の日本負担の上限は緩和される。調整手当など八種類の手当ての経費の二分の一から「全部または一部」に改められ、一九八八年には五〇％だったものが、八九年には七五％、九〇年には一〇〇％を負担することになる。

膨張と拡大——「思いやり予算」の推移

あらためて、一九七八年度以降の四〇年間の「思いやり予算」の推移を見ると、次の二つの傾向がわかる。

一つは、一九七八年度から八六年度にかけての八年間で「思いやり予算」の総額が約一三倍に急増したことである。一九七八年度の六二億円（施設費を歳出ベースで算出）と、ピーク

5－1　**「思いやり予算」の推移**（1978～2018年度）

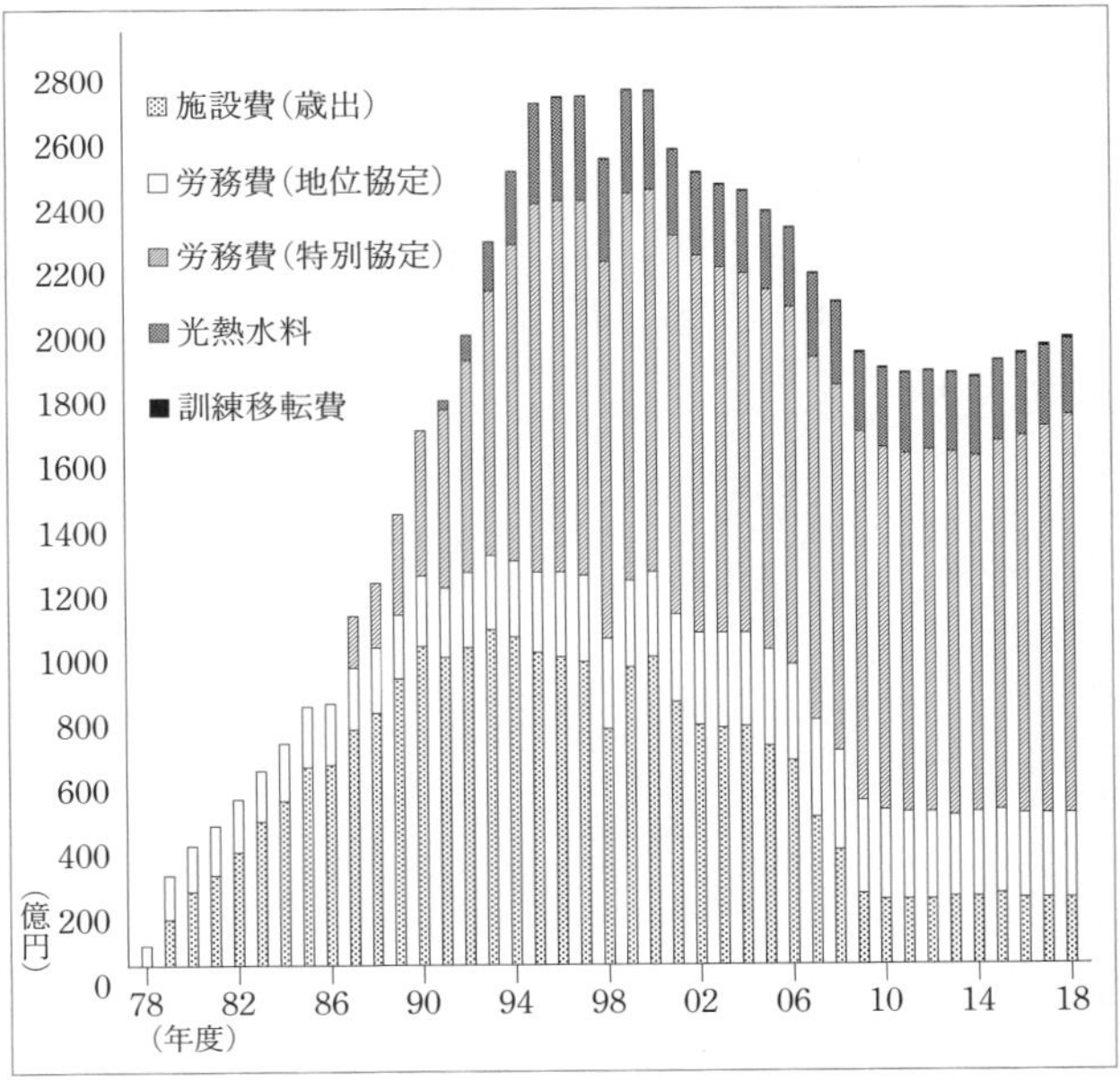

出典：防衛省・自衛隊HP「在日米軍駐留経費負担の推移」を基に筆者作成

に達する九九年度の二七五七億円（同前）とを比較すると約四四倍、七八年度と二〇一八年度現在を比較しても四〇年間で約三二倍となっている。

もう一つは、一九八七年度から特別協定にもとづく労務費が、九一年度からは光熱水料の支出項目が新たに設けられ、さらに九六年度からは訓練移転費の項目が入るなど項目が拡大したことである。日本の費用負担は日米地位協定をどんなに弾力的に解釈しても、その範囲から明らかに逸脱する。そのため特例措置として期間を限って引き受けるために特別協定という形がとられた。

特別協定にもとづく労務費の予算額は増大を続け、二〇一八年度では二〇〇〇億円弱ある予算額全体の約六四%を占める。日本政府が地位協定の範囲内だとしている労務費と特別協定にもとづく労務費を合わせると、二〇一八年度の「思いやり予算」の七七%を占めることになる。

繰り返しになるが、「思いやり予算」とは、日米地位協定には規定がないが日本の負担となっている在日米軍駐留経費である。「思いやり予算」の端緒となった労務費と施設費は、日米地位協定の解釈を変更することで日本の負担が可能とされた。だが、中曽根内閣が創設した特別協定は、明らかに日米地位協定の範囲から逸脱した日本の経費負担に関する取り決めであった。特別協定は期間が限られているが、内容と費用総額を拡大しながら次々と新協定に引き継がれて現在に至っている。

冷戦終結――揺らぐ在日米軍の意義

一九八九年一月に就任したジョージ・ブッシュ大統領は、その年の一二月、第二次世界大戦末期から米ソ両国が展開してきた、核兵器の開発競争と世界を東西に分断するイデオロギー対立に終止符を打つ宣言を、ソ連のミハイル・ゴルバチョフ書記長とともに行った。

米ソの冷戦終結宣言によって、在日米軍基地の存在意義は揺らぐ。

沖縄県についで米軍基地の占有面積が大きい神奈川県の逗子《ずし》市では、一九八七年から日本政府が住民の反対を押し切って米軍家族住宅の建設工事を開始していたが、九〇年三月の逗子市議選では建設反対派候補一五人が全員当選して議会の過半数を制し、建設工事を止める。

沖縄県でも一九九〇年一一月、在沖米軍基地の全撤去を掲げた野党統一候補の大田《おおた》昌秀《まさひで》が県知事選挙に当選、一二年も県政を運営してきた自民党所属の西銘《にしめ》順治《じゅんじ》を三万票差で破った。

他方、一九八九年から日米貿易不均衡の是正を目的とした日米構造協議が始まった。だが、日米間の緊張関係は解消されるどころか増すばかりであり、米国内では日本脅威論も台頭していた。米国の隔週経済誌『フォーチュン』誌の一九九〇年二月二六日号では、「米国にとって最も信用できない同盟国はどこか」というアンケートで、日本がトップの四四％を占めていた。

米議会は一九八九年一一月、翌年度の国防歳出法案との関連で在日米軍駐留経費のうち直接経費の負担を日本側に要求する決議を採択した。この問題を担当するために国務省に新設された防衛分担大使は、一九九〇年六月に来日して駐留経費のうち円建て部分の全額負担を日本政府に要請する。円建て経費には基地労働者の労務費、光熱水料、電話料金、廃棄物処理経費、艦船修理費などが含まれていた。マイケル・アマコスト米国駐日大使も講演で、日本に在日米軍駐留経費全体の約半分を持つよう求めた。

しかし、冷戦が終わり日米安保の存在意義が低下するなか、一九九〇年四月九日の衆議院予算委員会では、公明党の市川雄一書記長が防衛予算の三年間凍結や日米安保体制の縮小などを提案した。金丸信も同年七月上旬、日本戦略研究センター役員会で「来年度の〔防衛〕予算は今年度と同じでいい」と発言している。このような政治状況では、在日米軍駐留経費の日本側負担のさらなる増加は望めなかった。

湾岸危機の勃発――基本給、光熱水料の負担へ

状況が一変したのは、一九九〇年八月にイラクがクウェートに侵攻したことによる。日米安保体制を維持したい自民党の政治家や官僚にとって、湾岸危機は地域紛争が頻発する不安定な冷戦後の世界の先触れとなり、紛争解決の中心的枠組みとなる国連と国連を主導する米国に協力するため、日米同盟を強化しその役割を拡大するという大義名分を提供したのだ。

一九九〇年九月末に訪米した海部俊樹首相は、ブッシュ大統領から中東への米軍派兵にかかる経済的負担を軽減するため在日米軍駐留経費の日本側負担増を要請され、「努力」する

ことを約束する。

一九九〇年一二月二〇日に決定された新中期防衛力整備計画には、「日米安全保障体制の円滑かつ効果的な運用に資するため、在日米軍駐留経費負担に関する新たな措置を講ずる等、在日米軍駐留支援のための各種施策を引き続き推進する」ことが盛り込まれた。

また、同日の内閣官房長官談話で、基地労働者の基本給や光熱水料の日本側負担を一九九一年度から段階的に引き上げ、中期防衛力整備計画最終年度の九五年度に全額を負担する特別協定を、米国との間で締結することが発表された。

一九九一年一月に署名された五年間限定の在日米軍駐留経費特別協定は国会で承認され、以前締結された労務費特別協定は有効期間の終了を待たずに失効する。

新協定では、失効した労務費特別協定で日本が負担していた調整手当などの八種類に加えて、基地労働者の基本給および時間外手当と船員関係の諸手当が新たに対象となり、計四四種類の給与支払経費の全額または一部を負担することになる。加えて光熱水料の全額または一部も負担することが決められた。なお、そのほかに米国から要求された電話料金や廃棄物処理経費については、日本側は応じなかった。

日本の経済・財政と連動する負担

一九九一年の在日米軍駐留経費特別協定もまた、労務費特別協定と同様に五年限りのものだった。そのため一九九四年三月、ビル・クリントン政権は九六年度以降の五年間を対象とする新協定の締結を目指して日本と交渉を開始する。一九九五年九月末には、新たな駐留経費特別協定が成立し国会で承認された。

新協定では、前協定と同様に四四種類の基本給などの手当てと光熱水料が日本の負担とされたことに加え、厚木基地の夜間離発着訓練の硫黄島への移転などにかかる訓練移転費が日本の経費として新たに課された。訓練移転費には訓練にかかる経費自体は含まれず、燃料費、食費、住居費、周辺対策費などが対象だった。

また、一九九六年から実施されたこの新協定では日本側が負担する経費の上限が定められ、基本給などの手当ての上限は基地労働者二万三〇五五人分まで、電気・ガスなどの光熱水料は上限調達量までと決められた。訓練移転費の上限は規定されなかったが、一九九六年度以降は四億円で推移している。

クリントン政権初期には、米国の膨大な対日貿易赤字の解消が日米間の争点となっており、在日米軍駐留経費の日本のさらなる負担増には貿易不均衡の是正の意味合いもあった。

だが、一九九〇年代後半には日本の経済や財政状態が低迷し、貿易問題は二国間の懸案ではなくなる。「思いやり予算」の背景にあった米国の対日貿易赤字やそれを助長した円高・ドル安が解消されたことで、日本側は財政赤字を理由に駐留経費負担の軽減を求めるようになる。

二〇〇一年から実施された有効期間五年の新協定では、基本給など四四項目（二〇〇三年に年度末手当が廃止され四三項目へ）および光熱水料、訓練移転費の日本負担と合わせて米国の経費節減義務が明記された。また、基地外の米軍住宅の光熱水料は日本負担の対象とならないこと、基地内の光熱水料の上限調達量を一〇%引き下げることが規定された結果、日本が負担する光熱水料は三三億円軽減された（「日米地位協定の運用と変容」）。

防衛省・自衛隊HP「現特別協定の概要」によれば、二〇一六年四月に結ばれた八度目の特別協定では、同年度から二〇二〇年度にかけて、日本側が労務費を支払う上限労働者数を二万二七三五人から二万三一七八人まで段階的に増加させるという。一方、光熱水料の日本負担割合は七二%から六一%に引き下げることとなった。

「思いやり予算」とは別の在日米軍関係経費

ただし一九九六年以降、「在日米軍駐留経費」、つまり「思いやり予算」に加えて新たに日本側が負担するようになったものもある。それが、SACO関連経費と米軍再編関係経費で

5－2　在日米軍関係経費予算の推移（1978～2018年度）

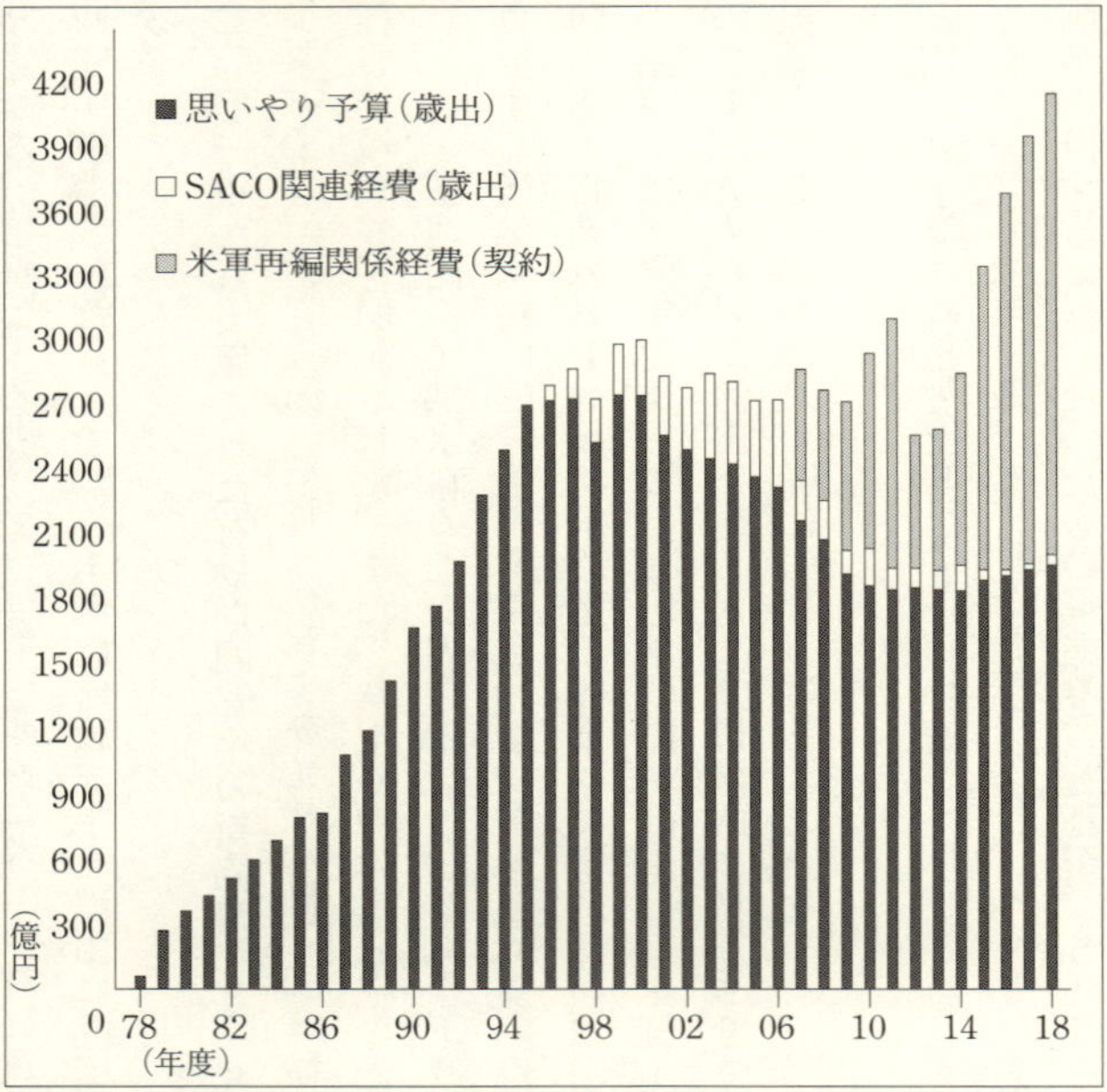

出典：防衛省・自衛隊 HP「在日米軍関係経費」を基に筆者作成

ある。「思いやり予算」にこれらの経費を加えたものの推移は、5－2のグラフの通りだ。

「思いやり予算」は二〇〇〇年代以降は減少傾向にあり、二〇一五年から微増しているにすぎない。だが、SACO関連経費と米軍再編関係経費を加えると、在日米軍関係経費は二〇〇〇年代に入っても上昇を続けていることがわかる。

SACO関連経費とは、一九九六年一二月の「沖縄に関する特別行動委員会

(SACO)」最終報告に書かれた、普天間基地など一一の在沖米軍基地・施設(約五〇平方キロメートル)の返還、訓練・設備移転、騒音対策にかかる経費のことを指す。

また米軍再編関係経費とは、在日米軍再編協議(二〇〇四年～〇六年四月末)で決まった、沖縄に駐留する第三海兵師団の一部国外移転、普天間基地の移設、在日米陸軍司令部の改変、厚木基地から岩国基地への空母艦載機の移駐にかかる経費のことだ。

会計検査院「在日米軍関係経費の執行状況等について」によれば、SACO関連経費のうち次の経費は、二〇〇六年度から米軍再編関係経費に引き継がれた。

・普天間代替施設の建設費用や北部訓練場のヘリパッド建設費用、県道一〇四号線越え実弾射撃訓練の県外移転やパラシュート降下訓練の伊江島補助飛行場への移転の費用、嘉手納基地の旧海軍駐機場移設や遮音壁整備にかかる経費

・SACO事業の対象となる基地・施設が所在する市町村に対する、公共施設の整備、防災や生活環境の改善、開発事業を目的とした交付金

SACO、在日米軍再編については第7章で詳述する。

ここまで、日米地位協定では本来想定されていなかった在日米軍駐留経費の日本負担が、一九七八年から二〇一〇年代初頭を除いて増大し続けてきたことを説明した。

それでは、5－2で示した「在日米軍駐留経費」、つまり「思いやり予算」、SACO関連

5-3　在日米軍関係経費予算総額の推移（1978〜2018年度）

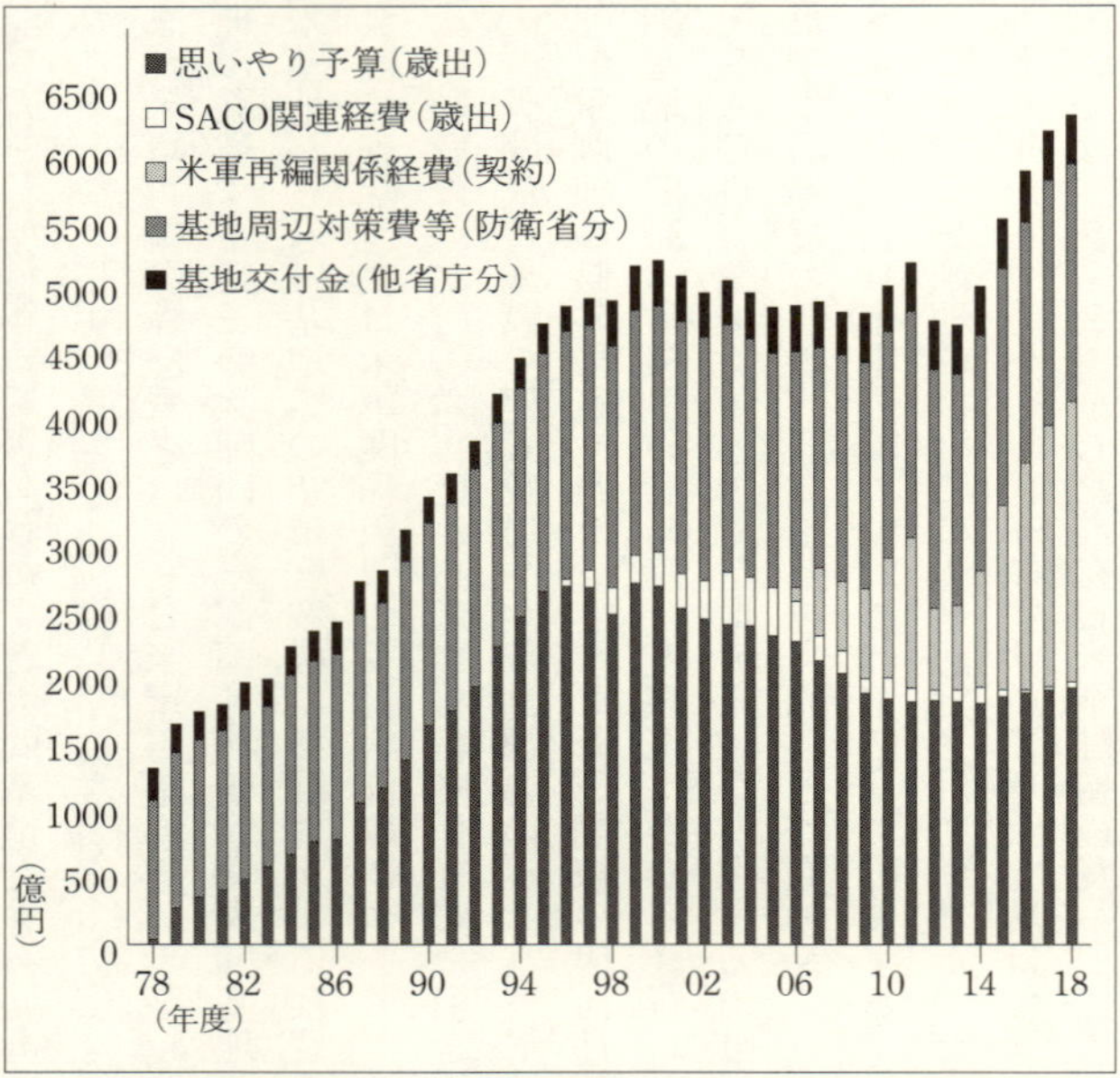

出典：防衛省・自衛隊HP「在日米軍関係経費」を基に筆者作成

経費、米軍再編関係経費といった日米地位協定に規定のない経費に、日米地位協定で決められている日本の経費負担を加えると、どうなるだろうか。それが5－3のグラフである。

基地周辺対策費などには騒音対策費、軍用地などの賃借料、在日米軍の既存施設の移転・建替費用、漁業補償が含まれている。基地交付金には、総務省によるNHK受信料の負担や厚生労働省による職業訓練費が入っている。基地周辺対策費と基地交付金は毎年ほぼ一定の額なので加えても推移傾向は変わらないが、どれほど膨大な在日米軍関係経費を日本が負担しているかがよくわかるだろう。

一九七八年に「思いやり予算」が創設されたのは、円高ドル安や米国の対日貿易赤字への対応からだった。日本の経済や財政状態が低迷する一九九〇年代後半まで、「思いやり予算」は、日米間の貿易不均衡是正の一環だった。日本がいわゆる構造不況に陥った九〇年代後半以降も、「思いやり予算」を減額しようとする日本側の努力に反して、「思いやり予算」は増え続ける。第7章で論じるように、沖縄の基地負担軽減の名目で、日本の新たな経費負担が生じたからである。

第6章　冷戦以後の独伊の地位協定——国内法適用を求めて

ドイツ補足協定——統一後の改定の動き

前章では、日米地位協定で日本の負担となっていなかった在日米軍関係経費が、冷戦終結後に新たに日本の負担となり、その割合が大幅に拡大していく過程を見た。

他方で、冷戦の終結はほかの米国の同盟国で、負担を改善、軽減する契機となる。この章ではドイツとイタリアを例に、冷戦終結が各国の地位協定改定の機運とどのように結びついたのかを見ていく。

一九八九年一一月、東西ドイツの分断の象徴であるベルリンの壁が崩壊した。一二月には、米ソ首脳会談における冷戦終結宣言が行われる。そして一九九〇年一〇月三日、ドイツの再統一が実現する。

このとき周辺諸国にとっての最大の関心は、現存国境の承認と統一ドイツのNATOへの帰属についてであった。その鍵を握るソ連は、一九九〇年六月の米ソ首脳会談でドイツ自身が同盟の帰属を決定することに合意した。ただし、旧東ドイツ地域にＮＡＴＯ軍が常駐しないことを条件としていた。他方、英仏もドイツ統一を受け入れるが、米軍が冷戦後もヨーロッパ駐留を継続し、統一ドイツを抑える役割を果たすことを期待しての決断だった。

ドイツは、一九九〇年九月と一一月に連合国軍だった米ソ英仏と交わした再統一に関する交換覚書によって、二年間の告知期間後にＮＡＴＯ加盟国との駐留条約を終了できるようになった。

また交換覚書には、ドイツ側の希望に従ってＮＡＴＯ軍地位協定の見直しを認める規定が盛り込まれていた。ソ連／ロシア軍が一九九四年末までにドイツ東側地域からの撤退を完了することが決まり、長年の悲願であった統一を達成したドイツは、ただちに自国内に駐留するＮＡＴＯ加盟国に対して地位協定の抜本的な見直しを要請して、補足協定の改定を申し入れたのである。

第二次世界大戦で敗れたドイツの西側地域に駐留した連合軍（米英仏）は、西ドイツのＮＡＴＯ加盟後も引き続き同盟国軍として駐留し、ＮＡＴＯ軍地位協定・補足協定にも占領軍の既得権益が色濃く残されていた。

そのため西ドイツ国内では、地位協定は自国が「半主権国家」であることの証《あかし》だという批判が強かった。一九八〇年代に入ると、環境保護・反核平和運動が大きな政治的潮流となり、八三年に緑の党が連邦議会に進出するのと前後して、地位協定批判は法廷闘争へと発展する。議会と裁判所で、環境法、建築法、航空法などの国内法令を駐留するNATO加盟国の軍隊に適用することが要求されたのである。一九八八年に駐留軍の航空機が二度の深刻な事故を起こしたことで、地位協定への批判は一層強まった。

事故の一つは、ラムシュタイン飛行場の航空デーに、イタリアのアクロバット飛行チームが起こした衝突・墜落・炎上事故だった。観客七〇人以上が死亡し、数百人が重軽傷を負った。もう一つは、米軍機が西ドイツの住宅街に墜落して多数の死傷者を出した事故だ。

一九九〇年の時点で西ドイツに駐留していた米英仏軍は約四〇万人で、駐留軍が使用していた基地の面積は一五二〇平方キロメートルにも及んでいた。だが、冷戦終結と東西統一によってドイツが完全な主権を回復すると、NATO加盟国軍の占領軍としての権利も消滅する。そのためドイツは、もはや駐留軍に有利な地位を与える必要はないと考えるようになっていた。

NATO域外派兵という追い風——一九九一年からの開始

こうしたなか、米国、イギリス、フランスを中心とするドイツ駐留軍は地位協定・補足協定の改定交渉に応じる。冷戦後のNATO再定義と新たな活動にあたって、ドイツの存在が不可欠だったからだ。

ちなみにドイツには、西ドイツ時代から英米仏三ヵ国に加えてベルギー、オランダ、カナダの各軍隊がNATO加盟国として駐留し、補足協定はドイツとこれら六ヵ国との間で結ばれたものである。補足協定改定後は、そのほかのNATO加盟国八ヵ国のドイツ駐留時にもこの協定が適用される。

一九九一年五月のNATO国防相会議は、冷戦後の新戦略として紛争処理に機動的に対応できる「緊急展開部隊」の創設で合意した。また、一一月のNATO首脳会議では、ソ連や東欧、中東などの不安定な情勢に対応できる危機管理型の六個師団からなる主力防衛部隊や、七二時間以内に紛争地域に派兵できる即時展開部隊の創設をあらためて打ち出す。

NATOの防衛範囲外の地域における紛争に対応する「域外派兵」は、冷戦期からのNATOの課題だった。一九九二年六月のNATO外相会議は、全欧安全保障協力機構（CSCE）の承認を条件とした平和維持活動の域外派兵を認める。一九九四年には、人道目的という条件のもとで、NATOによるボスニアのセルビア人居住地域への空爆が実施され、NATOは域外派兵の第一歩を踏み出した。

域外派兵に最も積極的なNATO加盟国の一つがドイツだった。ドイツ統一の直前の一九九〇年七月、ヘルムート・コール首相は統一ドイツがヨーロッパの仲介者的役割を果たす意志を訪問先のソ連で表明する。一〇月のドイツ統一式典で「東西欧州の懸け橋」になることを宣言した新生ドイツは、旧ユーゴスラヴィア連邦からの独立を宣言したクロアチア、スロヴェニア両共和国をヨーロッパ共同体（EC）の決定に先駆けて一九九一年一二月に承認した（ECも後追いで承認する形となった）。

クロアチアとスロヴェニアが正式に独立した一九九二年四月、同じく独立を宣言した旧ユーゴ共和国の一つで「民族雑居地帯」であるボスニア・ヘルツェゴヴィナの首都サラエボは、独立を阻止しようとするセルビア軍に包囲される。NATO諸国は民族間の虐殺を止めるために国連と連携する形でのボスニアへの域外派兵を検討し、ドイツもこれを推進する立場だった。

ところがドイツ国内では、NATO域外派兵に対する反発が強かった。義務兵役制だったことが、世論の反対を招いた主な原因だとされる。西ドイツ時代にはNATO域外派兵は憲法違反だとしていたため、コール政権は憲法改正を試みる。だが、野党の抵抗によって阻まれた。

結局、ドイツ連邦憲法裁判所が国連の枠組み内という条件でNATO域外へのドイツ軍派遣を認めたのは、一九九四年七月のことであった。ドイツ連邦軍は一九九五年九月、ボスニア・ヘルツェゴヴィナに出動してNATO軍による空爆に参加し、第二次世界大戦後初めて実戦を経験する。

ドイツがNATO軍地位協定・補足協定の改定交渉を行った一九九一年一月から九三年一月までの二年間は、NATOがボスニア紛争への対応で域外派兵に踏み出す渦中にあった。ドイツが域外派兵に加わらなければ、冷戦後の新たなNATOの役割は軌道に乗らない可能性もあった。NATO諸国にとって、国内の憲法論議に手間取るコール政権を、補足協定改定交渉でさらなる窮地に追い込むことは得策ではなかった。そのため、補足協定改定交渉はドイツにとって比較的有利に展開したのだ。

新補足協定——ドイツ国内法令適用の拡大

ドイツは、補足協定改定交渉の方針として互恵性を原則に掲げた。互恵性とは、同盟国が互いに法的に対等な関係にあることを意味する。具体的にはドイツ国内の駐留軍、ほかのNATO加盟国内の駐留軍、そしてドイツ連邦軍の地位が同等であることだ。ドイツはまず、国内の駐留軍がドイツ連邦軍と同じくドイツ国内法令に従うことを目指した。

ドイツ政府はNATO軍の訓練、基地管理権、環境問題、基地労働者の待遇、国内移動、刑事裁判権などの改定要求項目を洗い出し、関係各州の代表者も加わった代表団を結成して交渉にのぞむ。

最大の交渉成果の一つは、駐留軍の基地「外部」での訓練がドイツ政府の同意なしに実施できなくなったことだ。旧補足協定では、駐留軍が必要と見なし、NATO軍最高司令官および関係機関の指示があれば基地外訓練が可能とされた。もしドイツ政府が反対しても、更地であれば訓練を実施できた。そのうえ、基地外での駐留軍の訓練へのドイツ国内法令の適用は大幅に除外されていた。ちなみに、NATO発足以来、NATO軍最高司令官には米軍人が就いている。

新補足協定では、駐留軍もドイツ連邦軍同様に国内法令に従って基地外訓練を事前にドイツ政府に申請し、国防大臣の許可を得ねばならず、しかもこれまで駐留軍の判断で実施できた空域訓練にも、ドイツ政府の同意と国内法令の全面適用が課されることになる。

また、基地内の訓練にもドイツ国内法令が適用されることになった。旧補足協定では、駐留軍が基地・施設内部では自国の法令にもとづく独自の規則を運用することを認めていた。だが、ドイツ政府は駐留軍の安全性基準に問題があるとかねてから批判しており、新補足協定ではドイツ国内法令が基地内外にかかわらず適用されることになった。ただし、補足協定や国際法に規定がない諸事項については、駐留軍が独自の規則を定めることが引き続き認められている。

他方で、旧補足協定では「ドイツの代表およびそれが任命する専門家」による駐留軍の基地内への立ち入り権が認められていたが、運用基準が曖昧であった。補足協定改定時に取り交わされた合意議事録ではこの規定の運用が具体化され、ドイツ連邦政府、州政府および地方自治体は駐留軍への事前通告を行えば基地内に立ち入れること、緊急の場合には事前通告がなくとも立ち入りが可能であることが保証された。

譲らない裁判管轄権

ほかにも、新しい補足協定と合意議事録でドイツに認められたのが、環境保全原則の導入と、基地内での環境汚染や駐留軍の活動が記念物・自然保護区に及ぼす影響などを調査するための立ち入りである。ただし、ドイツ側の立ち入り調査の結果によって、環境に悪影響を及ぼしている駐留軍の活動の停止や変更にただちにつながるわけではなく、効果が限定的だという指摘もある。

なお新補足協定では、駐留軍は原則的に使用する航空機、船舶および自動車の燃料としてドイツの環境法令で低汚染物質とされている燃料、潤滑油、添加物のみを使用することが規定された。

さらに、駐留軍基地で働くドイツの労働者に国内の労災防止法を適用することが明文化され、労働基準監督局の管理も及ぶことになった。

駐留軍のドイツ国内の移動についても、有事を除いた駐留軍とその関係者のドイツ交通法令・航空法の遵守が義務づけられた。ただし、駐留軍・ドイツ連邦軍の訓練飛行にドイツ航空法が適用されなかった旧補足協定下で、騒音被害や健康被害を訴える多くの行政訴訟が起こされたことから、補足協定改定を待たずに一九九〇年には総理大臣指令でジェット機の低空飛行が制限されている。

この結果、ドイツ連邦国防省が指定した区域・時間に限り事前の許可を経て低空飛行訓練が行われるようになり、一九八〇年には西ドイツ地域で年間約八万八〇〇〇時間にのぼった低空飛行訓練は、九〇年には約四万二〇〇〇時間まで減少した。そして、補足協定改定を経て、九五年にはドイツ全体で約一万四〇〇〇時間程度にまで縮小される。

対して、ドイツが望んだにもかかわらず抜本的な改定を実現できなかったのが、裁判管轄権である。NATO軍地位協定第七条は日米地位協定第一七条と同様に、犯罪が基地の内外どちらで起きたかに関係なく加害者が米兵・軍属で、①米国とその財産に対する犯罪、②被害者が米兵・軍属の場合、③「公務執行中」に行われた犯罪については米国に一次裁判権を認めている。

公務の解釈をめぐっては、事実に関係なく加害者が公務中だったと主張することの多い米軍側と、NATO諸国・日本政府との間でしばしば摩擦が生まれてきた。しかも、西ドイツの場合には、補足協定第一九条であらかじめ一次裁判権を一括放棄する取り決めを結んでいた。

ドイツは今回の交渉で、補足協定改定によって一括放棄の撤廃を目指したが、加害者の母国では死刑に相当する「重大犯罪」が一次裁判権放棄の対象から除外されるにとどまった。ちなみに、ドイツ基本法第一〇二条は死刑廃止を規定しているため、この例外規定は加害者が母国で死刑に処されるのを防ぐ意味もあった。

イタリア国内の米軍基地と協定

日本やドイツと同じく第二次世界大戦の敗戦国でありながら、イタリアは一九四七年には連合国軍による占領が終了して主権を回復し、NATOが設立された四九年にはほかの加盟国と対等な立場でNATOに参加した。

米英仏三国を中心とするNATO軍が駐留するドイツとは違い、イタリアには米軍が単独で駐留してきた。一九五二年に米伊間で基地に関する最初の交換公文が結ばれ、五四年には米軍の常駐に関する非公表の二国間協定が成立、同年にはイタリア国内の米軍基地に核兵器が持ち込まれる。核兵器配備に関する米国のNCND（Neither Comfirm Nor Deny〔肯定も否定もしない〕）政策と、核配備に対するイタリア国内の反発ゆえ、核兵器の所在を明らかにしないために二国間協定が非公表とされたのだという。

両国が実質的な基地協定である了解覚書とその付属書を締結したのは、四〇年以上を経た一九九五年である。冷戦後の了解覚書締結の背景には、中東や東欧における紛争への介入拠点として在伊米軍基地を利用したい米国の意図や、在独NATO軍地位協定・補足協定の大幅改定の影響があったと推察されている。なお、米伊基地協定に相当する一九九五年了解覚書付属書の内容は、公開されているがモデル協定という位置づけであり、実際にはイタリア国内の個々の米軍基地ごとに修正された個別協定が非公表の形で結ばれている。

一九九五年基地協定が作成された約四ヵ月後、イタリアのアヴィアーノ基地はボスニア爆撃のための直接発進基地となり、その後のセルビア爆撃の際にも使用された。

ただし留意すべき点は、了解覚書付属書が平時の適用を前提とし、有事にはNATO軍地位協定が適用されることだろう。したがって了解覚書付属書の締結は、ボスニア紛争への介入を目的とした米伊間の新たな協力関係を意味するものではなく、むしろ冷戦期からNATO域外派兵に反対してきたイタリアに、基地使用を認めさせる見返りという意味合いが強い。

イタリア基地協定の背景

イタリアは、国内の米軍基地がNATO域外の紛争に利用されることを拒否してきた経緯がある。

一九八二年、イスラエルがパレスチナ解放機構（PLO）の拠点があるレバノンに侵攻した直後、レーガン政権は在伊米軍基地を拠点としたレバノン介入を計画した。しかし、イタリア政府は国内の反発を理由に米軍基地のNATO域外使用を拒否する。結局、米伊両国はイタリア軍が国連のもとでレバノン平和維持軍に参加することで妥協を図った。イタリアは、憲法第一一条で平和に寄与する国際機関への協力を除いて戦争を放棄しており、レバノンPKOへの参加が戦後初めての海外派兵となった。

一九八五年には、PLOのメンバー四人が伊旅客船アキレ・ラウロ号をハイジャックすると、レーガン政権はリビアのムアンマル・アル・カダフィ政権が事件に関与したと主張、翌八六年にリビア爆撃を実施する。これに対して、イタリア政府は米軍機の自国内基地使用・領空通過を禁じた。イタリアはまた、ハイジャック犯が乗り換えたエジプト航空機が米軍によってシチリア島に強制着陸させられると、ハイジャック犯の身柄を拘束し、世論を背景にレーガン政権の強い要求にもかかわらず米国への引き渡しを拒んでいる。

冷戦期のイタリアは、国内の米軍基地をNATO域外の紛争に利用させることを阻止してきた。そのため、冷戦後のNATO域外派兵のテストケースとなったボスニア紛争でも、イタリアが国内の米軍基地の使用を認めるかどうかは自明ではなかった。事実、イタリアは冷戦後初めての国際紛争となった湾岸戦争には多国籍軍の一員として参加したが、第二次世界大戦中にクロアチアの一部を占領した歴史や、スロヴェニアと国境を接していることもあってボスニア紛争には派兵しなかった。

NATOとしては、域外派兵に関してイタリアの協力をとりつける必要があった。そのため、イタリアは平時に限定されるとはいえ、ドイツや日本と比べて自国に有利な基地協定を獲得することになる。

イタリア基地協定の詳細と問題点

一九九五年に締結された了解覚書付属文書によれば、在伊米軍基地の管理権はイタリア軍にあり、基地内のさまざまな施設の場所を詳細に記した地図を持つ権限を有するのも、米軍ではなくイタリア軍の司令官である。

米軍の訓練や作戦行動、廃棄物処理はイタリア国内法令の規制下にあり、特に訓練・作戦行動は事前にイタリア軍司令官の許可を得る必要がある。イタリア軍司令官は米軍基地内のどこにでも自由に立ち入ることができ、米軍の行動を危険だと判断すればただちに中止させることもできる。

日本と比較した場合に最も興味深いのは、駐留米軍関係経費の負担が米伊各軍の基地使用の割合によって決まることだ。在伊米軍基地の管理権をイタリア軍が持つことから、イタリア政府は米軍に対する基地提供にかかる費用を負担している。逆にいうと、例外的に米軍の排他的管理が認められる特定の基地・施設の費用は米国側の負担とされる。したがって、米伊が共同使用する基地の経費は使用分に応じて配分されている。

ただし、繰り返しになるがこれらの取り決めはあくまで平時に限定され、有事にはNATO軍地位協定が適用される。了解覚書付属文書の成立後、イタリア国内で大きな政治問題となったのが、一九九八年二月の米軍によるスキーゴンドラロープ切断事件である。この事故では、イタリア北東部のアヴィアーノ基地から離陸した米海兵隊機が、高度・速度制限に違反して低空飛行訓練を行い、ドロミテ渓谷スキー場のゴンドラロープを切断。イタリア人三人を含むゴンドラの乗客二〇人が死亡、ゴンドラ運転手一人が重傷を負う。

スキー場がある自治体の長は以前から、米軍の低空飛行訓練の中止を何度も求めていた。だが、ボスニアでの平和維持活動に参加中だった在伊米軍は有事状態だと主張し、イタリア国内法令に従わねばならない了解覚書付属文書を適用させなかったようだ。その結果、多数の死傷者を出す事故につながった。

事故を起こした米海兵隊員への一次裁判権について、イタリアのトレント裁判所はNATO軍地位協定第七条第三項a（ii）にもとづき米国側に認める。有事下であれば、裁判所のこの判断は妥当なものであった。

しかし、米国の軍法会議は、加害者米兵全員を無罪（ただし一人に、証拠隠滅による司法妨害で禁錮六ヵ月の判決）とする。このことは、イタリア国内で政府・議会関係者も含めた激しい反発を引き起こした。また、被害者はイタリア人だけではなくドイツ人八人、ベルギー人五人、ポーランド人二人、オランダ人一人、オーストリア人一人と多数の国に及び、反米感情がヨーロッパ中に広がった。

NATO加盟諸国への悪影響を危惧《きぐ》したビル・クリントン政権は、NATO軍地位協定第八条五項（a）の民事責任に関する規定にこだわらず、米国が総額四〇億ドルの補償金を支払うという政治的解決によって事態の幕引きを図った。

＊

ドイツとイタリアは、冷戦終結後の自国やNATOを取り巻く国際環境と役割の変化をみて、NATO軍地位協定・補足協定の改定や実質的な基地協定の締結につなげた。この結果、ドイツは駐留軍の訓練を大幅に規制できるようになる。またイタリアは、駐留米軍基地の管理権を基本的に持つことになる。

ただし、ドイツは、環境保全原則の導入や一次裁判権を一括放棄する規定の撤廃について、限られた成果を得るにとどまった。イタリアも、米軍基地への国内法令の適用は平時に限られ、米軍の事故防止や自国の刑事裁判権行使には限界があった。

同時期の日本はどうだったのだろうか。日本でも冷戦終結後、国内で日米地位協定改定を求める声が高まった。しかし、日本政府はドイツ政府やイタリア政府とは対照的に、日米地位協定の改定そのものに消極的だった。

第7章　沖縄基地問題への注目——度重なる事件、政府の迷走

1　二度の改定要求の機会——独、伊、韓国との岐路

改定要求の二度の機会——湾岸戦争と北朝鮮危機

一九九〇年代初頭から半ばにかけて、日本も、ドイツやイタリアと同様に国際環境や米国の同盟国としての役割の変化をとらえて、日米地位協定の改定交渉を米国に要求する機会が二度あった。一度目は、一九九〇年のイラクのクウェート侵攻から翌年の湾岸戦争にかけての時期であり、二度目は、九三年の北朝鮮核危機から九六年の日米安保「再定義」にかけての時期である。

一九九〇年八月のイラクのクウェート侵攻から翌年一～二月の湾岸戦争までの間、ブッシュ政権は日本に何度も後方支援の名目で自衛隊の中東派遣を要請する。

米国が日本に期待したのは実質的な軍事力というより、イラク派兵に消極的な米国内世論への説得材料となる同盟国としての共同介入の意志だった。だが、自衛隊の海外派兵は違憲としてきた日本政府の対応は錯綜する。小沢一郎幹事長ら自民党政治家や外務省は、対米協力を「国際貢献」といいかえることで対応しようとしたが、自民党内の護憲派や野党、世論の反発は強く、湾岸戦争中の自衛隊派遣は実現しなかった。

国際貢献論を掲げて派遣を支持した者たちは、「米国以上に原油供給を中東地域に依存している日本や西欧諸国のために、米国が軍事行動の大部分を負担していることへの怒りが増大」(『ワシントン・ポスト』紙)する一方の、米国からの批判に応えねばならないと考えていた。こうした状況で、自衛隊の中東派兵とひきかえに、米国に日米地位協定の改定を要求するという発想はなかった。

一九九三年には、核不拡散条約からの脱退を宣言した北朝鮮が、翌年には韓国を「火の海にする」と公言し、クリントン政権が密かに北朝鮮への軍事攻撃を検討する。いわゆる北朝鮮核危機である。このとき、朝鮮半島に出動する米軍の拠点と想定された日本は同盟国としての重要性が増す。

だが、北朝鮮核危機への対応を日米両政府が協議した際、日本はそれまで朝鮮半島有事における対米支援のあり方を一切検討してこなかった事実に直面する。日本はまずは、グローバルな日米協力に向けた体制構築の必要性を認識するところから始めねばならなかった。

一九九五年の「新防衛計画の大綱」策定と翌九六年の「日米安全保障共同宣言」、九七年の「日米防衛協力のための指針」改定、そして一九九九年の周辺事態法の成立。こうした日米同盟のグローバル化を進める過程でも、日本には、朝鮮半島有事への協力とひきかえに日米地位協定改定を要求するという発想はなかった。

当時、駐米大使だった栗山尚一《くりやまたかかず》は、冷戦後の米国民が孤立主義に傾斜していくなかで、米国が朝鮮半島などアジア太平洋の安全保障に関与し続けるためには、日本が同盟国として相応の協力と負担をすることが前提になると米国防省が考えていたと回顧している（『日米同盟——漂流からの脱却』）。

なぜ日米地位協定改定が議論されなかったのか

このように、一九九〇年代の日本が直面した二つの危機は日本の政策決定者たちに次のような教訓を与えた。日本には冷戦後のグローバルな脅威に対応する米国を支える態勢がなく、その現実を変える必要がある、というものだった。安全保障の「ただ乗り」はもはや許されないという議論である。だが、裏を返せば「ただ乗り」している日本は米国に何も要求できないという理屈にもなる。しかし、本当にそうなのだろうか。

イラクのクウェート侵攻から湾岸戦争にかけ、ドイツも米国から派兵を求められたが、NATO域外派兵が憲法違反だという国内世論から応じられず、米国の厳しい批判を浴びた。だがドイツはその後、NATO軍地位協定・補足協定の改定を実現させた。

北朝鮮核危機では、韓国は日本とは比較にならないほど強い危機感を持ち、駐留米軍の必要性を一層認識した。しかし韓国は、一九九一年に在韓米軍地位協定を改定した後、北朝鮮核危機からまもない九五年にさらなる地位協定の再改定を求めて交渉を開始する。

韓国は初の南北首脳会談を実現させた二〇〇〇年一二月、米国との間で再改定に合意し、日米地位協定並みの裁判管轄権や基地労働者の雇用への国内法令の適用などを実現した。韓国の要求に反して本文には反映されなかったが、合意議事録と了解覚書には在韓米軍が韓国の環境法を尊重することも明記されている。

ドイツの補足協定改定は、第6章で触れたようにボスニア紛争と関連するが、湾岸戦争で日本と同じ対応をとったドイツの例から、米国の要求に応えないことが、自国の同盟国としての待遇改善を米国に要求できないことにはならないとわかる。

冷戦終結後に二度の地位協定改定を達成した韓国を見ても、米国の軍事力が自国の安全保障に不可欠だからといって、駐留米軍の地位の見直しが不可能なほど自国の立場が弱いわけではない。

したがって、日本政府が一九九〇年代を通じて日米地位協定の改定という選択肢を持たなかったことは自明ではない。だが、日本の政策決定者たちは、日米地位協定の改定を検討しなかった。それも、ある事件を契機として国内で日米地位協定改定が叫ばれたにもかかわらずだ。

少女暴行事件

それは、一九九五年九月四日に沖縄で起きた事件である。米兵三人が一二歳の小学生の少女一人を商店街で拉致《らち》し、人気のない海岸に連れていって強姦したのだ。沖縄県警が米兵らの逮捕状をとったが、三人の身柄を確保した米軍は日米地位協定第一七条第五項（c）を根拠に起訴前の身柄引き渡しを拒み、沖縄県警の取り調べにも非協力的だった。

事件を重大視したクリントン政権のもと、ウォルター・モンデール米国駐日大使が在日米軍と交渉して沖縄県警による通常の取り調べを実現させたが、あくまで政治的な配慮の結果であった。

一〇月二一日に沖縄県内で開催された、少女暴行事件に抗議する県民総決起大会には、在沖米軍への抗議行動としては過去最大の約八万五〇〇〇人が参加する。大会では、①米軍人の綱紀粛正と米軍人・軍属による犯罪根絶、②被害者に対する早急な謝罪と完全補償、③日

沖縄県民総決起大会，宜野湾海浜公園，1995年10月21日　少女暴行事件に抗議し，日米地位協定の見直し，基地の整理縮小などを求め，沖縄本土復帰後最大の集会となった

米地位協定の早急な見直し、④基地の整理縮小促進が決議された。事件直後に沖縄県議会が採択した抗議決議を踏襲したものである。新聞の報道もあり、米兵の被疑者を逮捕・取り調べできないという日米地位協定の問題性は、沖縄県を超えて広く国内世論、自社さ連立政権の閣僚たちに認識されていく。

だが、外務省と河野洋平外相は日米地位協定改定論に徹底抗戦する。事件後に上京した大田昌秀沖縄県知事に対し、河野外相は九月一九日、「捜査は支障なく行われていると聞いている。ただちに地位協定を見直すべきだと言うのは議論が走りすぎている」と発言した。大田知事が上京した目的は、日米地位協定の改定などを求めた沖縄県議会の抗議決議を政府に手渡すことだった。

河野外相の言葉に象徴される外務省の日米地位協定改定への否定的な反応は、一つには事件当時の政権が社会党の村山富市《むらやまとみいち》内閣だったことによる。冷戦期に日米安保廃棄と自衛隊違憲を主張し続けてきた社会党は、自民党と連立を組み、一九九四年六月末に村山内閣が誕生すると安保堅持・自衛隊合憲へと見解を転換した。だが、その後も在日米軍基地を撤去すべきだという考えの社会党議員が多かった。

基地撤去論への危機感と世論

外務省が恐れていたのは、日米地位協定改定論が基地撤去論に発展することだった。彼らの念頭にあったのは、フィリピン議会が米比基地協定の期限延長を拒否した結果、一九九二年一一月までに米軍がフィリピンのクラーク空軍基地とスービック海軍基地を放棄した出来事である。外務省は、日本国内で日米地位協定改定論が基地撤去論、そして安保改定論に発展することによって、米軍が自発的に日本から撤退する可能性を危惧していた。

実際には、当時の内閣府の世論調査によれば7－1の通り、日米安保支持者は微増していた。外務省の懸念とは逆に、日米安保を支持する世論は一九九〇年代を通じて常に過半数を超え、しかも着実に伸びていたのだ。

7-1　日米安保についての内閣府世論調査

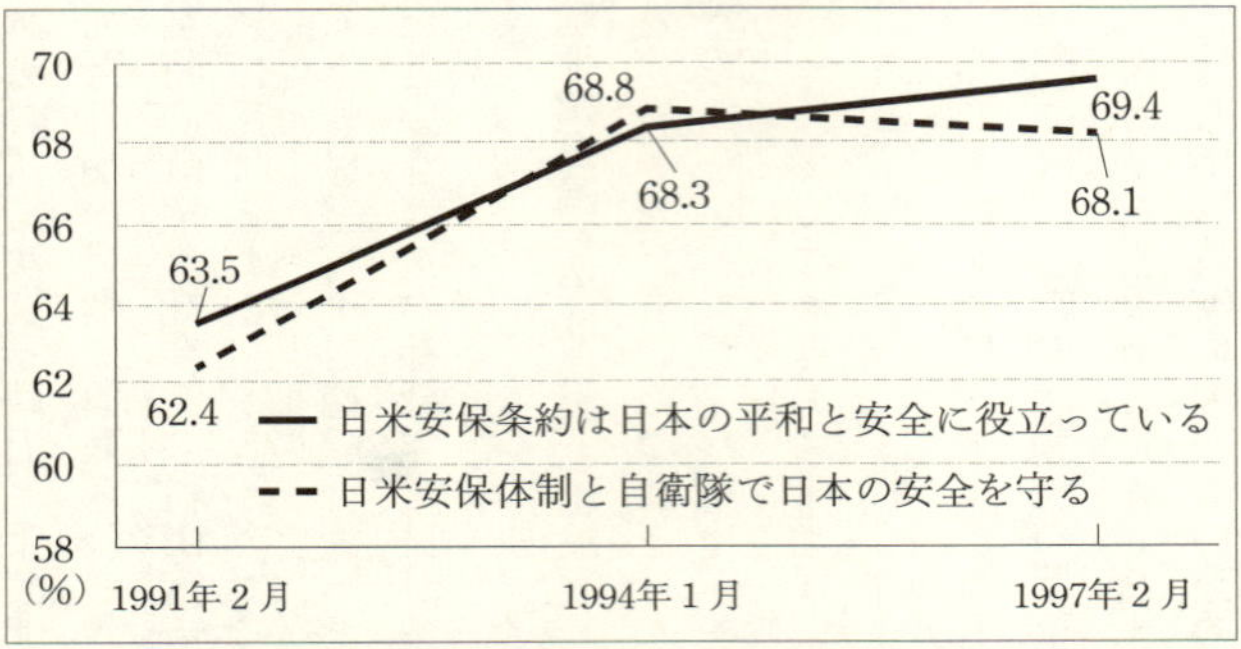

出典：内閣府大臣官房政府広報室「自衛隊・防衛問題に関する世論調査」2003年1月

ただし、少女暴行事件から約二ヵ月後の一九九五年一一月、『朝日新聞』が『沖縄タイムス』などと共同で行った世論調査では、「日米安保条約が日本のためになっている」と全国で回答した者が四二%と過去一〇年間で最も低くなった。その前の一九九二年四月に同じ調査を行った際にこう答えた者は五二%であり、一〇%も下がったことは明らかに事件が影響していた。

一九九五年八月と一〇月に実施された『日本経済新聞』の世論調査でも、「日米安保体制の維持」を支持する回答が約六〇%から四三・五%に落ち込む。また、「日米安保体制を解消すべき」という回答は、二八・七%から四〇・二%に増加した。外務省は世論調査の短期的な変動に過敏に反応したのだった。

他方でクリントン政権は、北朝鮮核危機を契機として一九九四年から朝鮮半島有事作戦計画を見直し、日本を重視するようになっていた。新たな作戦計画では、朝鮮半島で戦争が勃発した場合、三ヵ月以内に米国本国から六三万人の兵力を朝鮮半島に派遣するとされ、増派部隊の拠点として在日米軍基地が不可欠だった。当時の米国の関心は日本への米軍の緊急追加配備を可能にすることにあり、在日米軍基地を放棄する可能性は限りなく低かった。

外務省の危惧――最悪の日米関係

国内世論の過半数が基本的には日米安保を支持し、米国も在日米軍基地の存在を前提とした新たな朝鮮有事作戦計画を進めていた時期に、外務省が国内の基地撤去論が引き金となっての在日米軍撤退の可能性を本気で恐れていたというのは理解しがたい。だが、それは当時の状況を客観的、長期的な視点で見ていえることで、一九九五年時点で外務省を含め多くの日本人の目に映る日米関係は、対日貿易赤字の解消を至上命題とするクリントン政権によって最悪の状態にあった。

当時の外務省が最も恐れていたのは、米国民の孤立主義と反日感情だった。栗山駐米大使は着任直後の一九九二年、訪日したブッシュ政権のダン・クエール副大統領と宮澤喜一首相との夕食会に同席した際、米国民はアジアが「出ていってもらって結構」と言えばさっさと出ていく、とのクエールの発言に衝撃を受けている。この年のアメリカ人対象の意識調査でも対日好感度や日米安保への支持率が大幅に低下していたことが、彼の危機感を一層強めたという(『日米同盟——漂流からの脱却』)。

対日貿易赤字に苦しむクリントン政権は、一九九四年から九五年にかけて経済制裁をちらつかせながら強引に事を解決しようとし、貿易問題と日米安保のリンケージもたびたび示唆していたことが、外務省の不安の根源となっていた。

しかも、少女暴行事件が起きた一九九五年九月四日は、米国では対日戦勝記念日の二日後だった。この年は第二次世界大戦終結五〇周年にあたり、スミソニアン航空宇宙博物館が広島への原爆投下を行ったB29を展示する特別展を開催した。その展示では当初、原爆被害や歴史的背景の展示も含まれる予定だったが、全米退役軍人協会が抗議して特別展中止の圧力をかけた結果、原爆被害についての説明が削除され、博物館館長も引責辞任する。この経緯は、日本でも大きく報道されていた。

このように、米国が「リメンバー・パール・ハーバー」で盛り上がった直後に少女暴行事件が起きたことが、外務省の日米地位協定改定論への抵抗を強める。「日本を守ってやっているのに、そんなことまでしなければならないのなら日本から兵隊を引き揚げろ」という、米国内の感情的な反発につながるような一切の行為を回避しようとした外務省は、米国からの謝罪特使派遣の打診も断っている。

大田知事の代理署名拒否

外務省の誤算は、日米地位協定の運用改善によって事件に対する国内の反発を鎮静化させる前に、沖縄の怒りが最高潮に達したことだった。

外務省は少女暴行事件直後に開始した米国側との一ヵ月弱の交渉を経て、地位協定第一七条の運用改善で合意し、「殺人、婦女暴行、その他の特定の場合」の「重大事件」に限って、起訴前の米兵の身柄引き渡しに米国側が「好意的配慮」を払うことを取り決めた文書を作成する。そのほかの事件でも、米国は日本の要請に対して「十分に考慮」することが決められた。

ところが、九月二八日には大田沖縄県知事が代理署名拒否を表明する。

本土の米軍基地は、ほぼ旧日本軍基地などの国有地に置かれている。だが、沖縄の米軍基地は占領期に米軍が農地を強制接収して建てられたものが多い。一九七二年の沖縄返還後、日本政府は軍用地主と賃貸借契約を結び直したうえで在沖米軍に基地を提供した。だが、契約に応じない地主に対しては公用地暫定使用法にもとづく強制使用措置をとった。三～五年の使用期限を迎えるたびに、軍用地主が立ち合いや署名・捺印を拒否する場合には市町村長が、市町村長が拒否する場合には県知事が手続きを代行してきた。大田知事は九月末、その軍用地の賃貸借契約更新の代行手続きを拒否する考えを表明したのだ。

沖縄県知事の代理署名拒否は、米軍の土地不法占拠につながる。日米安保条約の維持も危うくなりかねない事態に危機感を募らせたのは、外務省ではなく防衛庁だった。防衛庁には外局として独立した防衛施設庁があり、東京と基地所在自治体の両方に基地行政を専門とする職員を配置して情報を共有していた。そのため、外務省より沖縄現地の雰囲気を敏感に感じ取っていた。

外務省は長年、日米安保条約や地位協定が自省の専管事項だと考えてきたが、一九九四〜九五年に防衛施設庁長官を務めた宝珠山昇《ほうしゅやまのぼる》は、「〔基地〕返還を求めるというのは本来外務省の仕事だが、彼らはそれをしない。しかし、防衛庁がそれならこちらがそれをやろう、と言うと、彼らは権限を冒されたという気持ちになる」と指摘している。また、守屋武昌《もりやたけまさ》防衛政策課長（当時）に言わせると、外務省は「基地は使わせてあげるから、全部勝手にやりなさい」という姿勢で、「基地の機能を一つひとつ分解し、逆算し、思考のプロセスを」たどる発想が欠如していた。

実際には外務省は、沖縄復帰前後まで機会があるごとに在日米軍基地の返還を米国に求めてきた。しかし、沖縄返還以降は経費全額負担を前提とした基地返還が条件となり、政治的・経済的ハードルが上がったことで消極的になっていた。冷戦終結後は、日米安保の存在意義が低下したことから、日米地位協定見直しについて「どっちの味方か分からない」（平沢勝栄防衛審議官）態度をとるほどの守勢だった（『同盟漂流』）。

防衛庁主導の沖縄特別行動委員会（SACO）設立

守屋防衛政策課長は大蔵省出身の上司、秋山昌廣《あきやままさひろ》防衛局長に対し、「米軍は嘉手納や普天間など、沖縄でなぜこれだけの基地を運用しているのか。整理・縮小・統合して沖縄の負担を軽くできないのか。それを米国政府と協議すべきです。これまで日本政府はそれを米国政府に聞いたことがない」と訴えた。

秋山防衛局長は「冗談じゃない。日米安保体制で、これまでそんなこともやってない？そんなはずがないじゃないか」と信じようとしなかった。だが、自衛隊トップの西元徹也《にしもとてつや》統合幕僚会議議長を呼んで、「お恥ずかしいけど、本当にそうなんです」との言葉を聞き、ようやく納得したという（『日米同盟半世紀』）。

今回の件で防衛庁の対米交渉を担った秋山は一〇月中旬、ジョセフ・ナイ国防次官補と電話で会談する。秋山は、ナイら米国の政策決定者たちの想定に反して日米地位協定の運用見直しでは事態は沈静化できないため、沖縄の基地返還に関する委員会を作る必要があると訴えた。

日米地位協定の運用見直しを県民大会前に発表することで対応しようとするナイに対して、秋山は、火に油を注ぐだけとして逆に発表を県民大会後に遅らせる。日米地位協定の運用見直しは、一〇月二五日の日米合同委員会で正式に決定、発表された。

ナイは秋山の提案を受け入れ、二国間の具体的な行動に向けた一年という期限付きの委員会とするという条件で、ウィリアム・ペリー国防長官の了解をとりつけた。一九九五年一一月に来日したペリー国防長官、河野洋平外相と調整を行った衛藤征士郎《えとうせいしろう》防衛庁長官は、在沖米軍基地の「整理・統合」に加えて「縮小」を委員会の目的に加えるよう主張、また日米地位協定も議題に入れるよう要求して受け入れられた。そして同じ月のアル・ゴア副大統領の訪日時に、沖縄特別行動委員会（SACO）の設立が発表される。

この間、外務省は基地問題を扱う日米協議の場を作ることに抵抗した。外務省が最終的にSACOを推進する側に回ったのは、日米の安全保障協議をめぐる防衛庁との主導権争いで優位に立ちたかったからである。

SACOが日本全体ではなく沖縄に限定した基地問題協議の場とされたことは、外務省にとっては幸いだった。日米安保条約の根幹的な問題には手をつけずに、沖縄に限定した米軍基地の整理縮小や地位協定がもたらす被害・不利益の改善を図る、という対症療法が可能になったからだ。

ＳＡＣＯは一九九六年四月一五日の中間報告で、普天間飛行場など一一の在沖米軍基地の条件つき返還、米軍機や訓練の本土移転などに合意したほか、後述する日米地位協定の運用改善について合意する。この年の一二月の最終報告では、中間報告の内容が踏襲された。

日米安保の本質——同盟と米軍駐留が分離できない

日米安保条約の根幹的な問題とは、同盟関係を規定する条約と基地協定が一体となっていることである。

ＮＡＴＯ加盟国にとって、ＮＡＴＯの一員であることと、自国にＮＡＴＯ軍基地もしくは米軍基地を受け入れることはイコールではない。フランスは一九六六年にＮＡＴＯの軍事機構からの脱退を表明し、国内のすべてのＮＡＴＯ軍基地を解体したが、一九四九年のＮＡＴＯ設立時から現在に至るまでＮＡＴＯ加盟国である（フランスは二〇〇九年、ＮＡＴＯ軍事機構に完全復帰）。

米国の植民地だったフィリピンも、基地協定（一九四七年）と米比相互防衛条約（一九五一年）を別個に結んでいる。このことが、一九九二年にフィリピンから全米軍が撤退した後も、フィリピンが米国の同盟国であり続けることを可能にしている。

これらに対して日米安保条約は、一九五一年の成立時から安保改定を経て現在に至るまで米軍の日本駐留について規定した基地協定であり、同盟関係と米軍駐留とを切り離せない構造になっている。日本の政策決定者たちは過去には、日米安保が基地協定にすぎないことを問題視してきた。

鳩山一郎内閣の重光葵外相は、一九五五年の訪米時、在日米軍の将来的な全面撤退と基地使用の制限を前提とした相互防衛条約への改変を申し入れている。防衛庁長官や首相を歴任した自民党政治家の中曽根康弘も、日本の「自衛軍」創設による米軍の撤退と有事駐留が持論であった。また、沖縄復帰と日中国交正常化が実現した一九七二年には、防衛庁の久保卓《くぼたく》也《や》防衛局長が「日米安保条約を見直す」と題する一般向けの論文で、米軍の有事駐留と日米安保の「政治同盟」化を提唱している。外務省もこの年、米国側に安保「再改定」を提案する。

しかし、同盟条約と基地協定を分離する日本の要望はすべて米国から全面的に拒絶されてきた。このため、在日米軍の撤退はそのまま同盟関係の解消を意味し、冷戦終結後には日米同盟関係の維持について外務省の不安を著しく煽り、日米安保の再検討につながる一切の動きを自主規制させたのである。

カードとしての普天間返還

第2章で記した通り、安保改定によって成立した日米地位協定は、長年非公開だった合意議事録によって、日米行政協定と変わらない占領期の米軍の特権を引き継いでいる。北朝鮮核危機を契機とする日米安保再定義と、沖縄の怒りに対応したSACOとが同時並行で行われたことは、本来であれば日米安保のあり方を包括的に再検討し、日米地位協定の改定や同盟条約と基地協定の分離も含めて、新しい同盟関係を構築するまたとない機会だったはずだ。

日米安保再定義とは、一九九六年四月一七日に橋本龍太郎首相とビル・クリントン大統領が署名した「日米安全保障共同宣言」に書かれた一連の日米協議を指す。この宣言は、日米両政府が普天間飛行場（沖縄県宜野湾市）の五～七年以内の返還合意を発表した五日後に行われた。宣言の内容でとりわけ重要なのが、一九七八年につくられた「日米防衛協力のための指針」の見直しであり、朝鮮有事の際の米軍の行動に日本が協力できる体制を目指した。

日米安保再定義によって日米間の防衛協力が進んだ一方で、普天間飛行場の返還合意はSACO最大の成果とされ、日米安保の問題点は沖縄基地問題にすりかえられた。

なぜ、少女暴行事件の解決策が普天間返還になったのか。日本外交史家の宮城大蔵とジャーナリストの渡辺豪は、「橋本〔龍太郎首相〕－ペリーで『普天間返還』を発表して沖縄情勢の鎮静化を図り、その上で橋本－クリントンによって『日米安保再定義』を内外に向けて打ち出す。そのような『段取り』が整えられていた」と指摘する（『普天間・辺野古　歪められた二〇年』）。

ＳＡＣＯの目的は、日米安保や日米地位協定の不平等性が沖縄で露呈したことへの対応ではなく、沖縄の怒りや国内の日米安保・日米地位協定批判をガス抜きし、日米安保再定義を軌道にのせるための障害を取り除くことにあった。沖縄県が当時最も強い関心を持っていた普天間飛行場の返還は、そのカードとして利用されたのである。

2　沖縄から米国への改定要請——地位協定への自治体関与

大田県政の地位協定見直し要請

冷戦の終結を日米安保体制を問い直す機会とし、政策として実現しようとしていたのは、日本政府でも各政党でもなく沖縄県の大田県政だった。

大田県政が一九九六年に橋本内閣へ提示した「国際都市形成構想」は、それまで政府主導の沖縄振興開発計画だけで他都道府県のような総合計画を持たなかった沖縄の国際都市構想を、国土庁の全国総合開発計画と結びつけ、地方自治体としての自立の先に「基地なき沖縄の将来像」を描いた試みだった。

また、大田県政はＳＡＣＯが設立される一九九五年一一月、日米地位協定の一〇項目の見直しを要請する。日米地位協定の関連条項ごとに整理された沖縄県の要請内容はSACOで検討され、翌九六年一二月のSACO最終報告で日米地位協定の運用改善に関する日米合意が公表された。

沖縄県の要請内容とそれに対応したSACO最終報告の主な内容は、次の通りである（全要請内容は巻末資料「沖縄県による日米地位協定見直し要請」を参照のこと）。

第二条（基地の提供）について、沖縄県は在沖米軍基地の整理縮小を求めた。SACOの中間・最終報告では一一施設、約五〇平方キロメートルの返還が謳われる。しかし、ほぼすべての施設が県内移設を前提とした返還であり、普天間飛行場や那覇軍港などの返還は二〇一八年現在まで実現していない。

大田昌秀　知事在任1990～98年

第三条（基地の管理権）については、沖縄県は米空軍嘉手納基地と普天間飛行場の航空機騒音への対策、環境保護、米軍基地内への立ち入り、米軍関係者による事故原因の究明と報告、米軍の訓練の規制と違反に対する罰則などを求めた。

航空機騒音対策については、まず一九九六年三月二八日の日米合同委員会で嘉手納・普天間における航空機騒音規制措置が合意され、さらにSACO最終報告で嘉手納基地の海軍駐機場の移転と遮音壁の設置、普天間飛行場に配属されていた一二機のKC130給油機の岩国飛行場（山口県岩国市）への移駐と、同飛行場での夜間飛行訓練の運用制限が公表された。

日米合同委員会の航空機騒音規制措置では、たとえば普天間飛行場について「進入および出発経路を含む飛行場の場周経路は、できるかぎり学校、病院を含む人口稠密《ちゅうみつ》地域を避けるよう設定」することが合意された。しかし二〇〇四年に、隣接する沖縄国際大学に普天間飛行場所属のヘリが墜落・炎上する事故が起きたように、実効性のある措置とならなかった。

環境保護については、SACO最終報告で県道一〇四号線越え実弾射撃訓練の廃止、キャンプ・ハンセンの不発弾除去手続きの継続実施、砂防ダムの建設促進が決定された。また、一九九六年一二月の日米合同委員会で米軍基地内への立ち入り許可の手続きが定められた。

第五条（国内移動と出入り）については、沖縄県から民間空港の使用禁止と米軍の基地外での行軍禁止が要請され、後者のみSACO最終報告で受け入れられた。

沖縄県は合わせて、第六条（航空交通）と関連した那覇空港の進入管制業務の日本移管も要求したが却下されている。沖縄返還交渉時の取り決めで、那覇空港の進入管制業務は嘉手納基地に所属する米空軍が日米地位協定第六条にもとづき実施してきた。二〇一〇年に那覇空港の進入管制業務が日本側に移管された後も、米軍関係者が那覇ターミナル管制所の管制業務に携わっている。

第一三条（税金）の関連で、沖縄県が米軍関係者の私有車両への自動車税課税額が五分の一以下に優遇されている点を問題視し、日本人と同率の課税を求めた点も受け入れられなかった。自動車税は自治体の収入に大きく影響し、車社会である沖縄県では特に比重が高い。

第一七条（刑事裁判権）に関連した起訴前の被疑者引き渡しについては、先述した通り「重大事件」に限って米軍側が便宜を図ることとされた。だが、この取り決めは後述するようにその後何年間も守られなかった。

第二五条（日米合同委員会）については、沖縄県が求める日米合同委員会の合意事項の公表努力がSACO最終報告に盛り込まれた。だが、関係自治体の意見を日米合同委員会が聴取すべきだという沖縄県の要求は通らなかった（『沖縄の米軍基地』二〇一三年版、『日米不平等の源流』）。

高まる不満――在沖米軍基地の環境汚染

沖縄ではSACO開始からまもなく、米軍基地による環境汚染の実態への注目が高まる。一九九〇年六月の日米合同委員会で返還が決定され、九五年一一月末に返還された米海兵隊恩納通信所の跡地などから有害物質が検出されたのだ。その後も嘉手納弾薬庫地区、北谷《ちゃたん》町《ちょう》、キャンプ桑江《くわえ》北側など返還された米軍基地から次々と有害物質が発見される。

恩納通信所跡地でのカドミウム、水銀、ポリ塩化ビフェニール（PCB）、鉛、ヒ素など有害物質検出を、那覇防衛施設局（現沖縄防衛局）が沖縄県に最初に報告したのは、普天間返還合意が発表される一ヵ月前の一九九六年三月である。沖縄県による検査の結果、通信所内の汚水処理槽内の汚泥から検出された有害物質は、廃棄物処理法にもとづく「特別管理産業廃棄物の判定基準」を超えていた。沖縄県は那覇防衛施設局に対し、責任を持って汚泥を処理するよう求める。

那覇防衛施設局は在沖米軍に対して、恩納通信所で使用されていた汚泥処理槽を米軍基地内で一時保管するよう求めたが、米軍側は日米地位協定第四条にもとづき、返還された基地の原状回復義務が米国にないことを理由に拒否する。そのため防衛施設庁は、航空自衛隊恩納分屯地内に約三〇四トンもの汚泥を移送して一時保管した。

恩納村は二〇〇四年、汚泥処理水を河川などに放流・排出しないことを条件に、自衛隊基地の汚泥保管と処理を受け入れたが、二〇〇八年には北九州で汚泥処理施設が事業を開始することになったため、恩納村内での汚泥処理を取り止めさせた。

また、一九九七年二月には外務省から沖縄県に対して、海兵隊が九五年一二月から翌年一月にかけて三回にわたり、鳥島射爆撃場での訓練中に劣化ウラン弾を誤使用した事実が報告された。劣化ウラン弾とは、核弾頭などの製造工程で生じる廃棄物である劣化ウランを利用した、放射性物質を大量に含む砲弾だ。

劣化ウランの放射能が鳥島近くの久米島住民や周辺環境に与える可能性が未知数であるにもかかわらず、米国から日本政府への連絡は事件発生から一年以上かかり、さらに外務省から沖縄県への連絡も米国の情報提供から一ヵ月近くかかっている。

沖縄県は事件発覚直後、日米両政府に対して①事件の徹底究明と再発防止、②鳥島射爆撃場周辺の徹底した環境調査の実施、③すべての劣化ウラン弾が回収され安全が確認されるまで同射爆撃場での演習中止、④事件・事故発生時の速やかな連絡体制の整備を要請する。

日本政府は早急に複数回の環境調査を実施した結果、鳥島における劣化ウランの影響範囲はきわめて限られていると結論づけたが、その後も鳥島とその周辺で定期的な環境調査を継続した。在日米軍・大使館も事件後、鳥島における劣化ウラン弾の回収と陸上の環境調査を継続的に実施した。

ＳＡＣＯと前後して米軍による環境汚染の実態が次々と明らかになり、米軍基地や地位協定に対する沖縄の不満は一層高まることになる。

稲嶺恵一知事の苦悩

沖縄では、一九九六年一二月のSACO最終報告後も、依然として米兵犯罪が重大な問題であった。

一九九八年七月には、海兵隊員によるひき逃げで女子高生が死亡する事故が起きる。米軍は日米両政府間の日米地位協定運用改善の合意に反し、起訴前の容疑者引き渡しを拒否した。一九九五年九月の少女暴行事件と同様、米軍は日米地位協定第一七条第五項(c)にもとづいて、起訴後に米兵の身柄を日本側に引き渡す。

一九九五年の事件の記憶がまだ新しいうえに、事件の教訓であるはずの運用改善に実効性がないことが明らかになり、沖縄世論の激しい怒りが米軍と日本政府に向けられた。

二〇〇〇年七月に沖縄で開催されたG8首脳会議(沖縄サミット)の直前には、海兵隊員による女子中学生への準強制わいせつ事件や空軍兵によるひき逃げ事件が発生し、沖縄を訪れたタイミングでクリントン大統領が謝罪する事態となった。

これに対して、当時の森喜朗内閣の対応は稚拙《ちせつ》であった。わいせつ事件の四日後、森首相は事件について「政府がどうこうという話じゃない。これ以上、政府として罰することはできない」と発言する。森の言葉は、少女暴行事件が県知事の代理署名拒否、さらにSACOに発展した経緯への無知を、これ以上ないほど如実に表していた。

一連の米兵事故・犯罪と森内閣の対応は、普天間移設を進める稲嶺恵一《いなみねけいいち》沖縄県知事を逆境に追い込んだ。

自民党からの支持を受けた稲嶺は、一九九八年一一月の知事選で普天間飛行場の県外移設を掲げる現職の大田に勝利し、翌九九年末には公約通り「軍民共用」と「一五年使用期限」を条件に、普天間飛行場の辺野古《へのこ》移設を受け入れていた。小渕恵三内閣は稲嶺県政の移設に関する二条件と合わせて、移設先の名護市が要望した日米地位協定の運用改善を閣議決定した。

稲嶺は「県内世論の六〇%は反対だったが、日本の防衛のためにやむなしとの考えもあり、苦渋の選択をした」と回顧している（二〇一二年二月二五日付『日本経済新聞』インタビュー）。県内の世論に支えられない稲嶺の決断は、当時の小渕首相との信頼関係が可能にしたものだった。しかし、二〇〇〇年四月の小渕急逝によって沖縄県と日本政府の信頼関係は崩れる。

稲嶺恵一　知事在任1998〜2006年

稲嶺県政の日米地位協定改定案

沖縄サミット直前に相次いだ米兵事故・犯罪に対して、

沖縄県議会や各市議会が抗議決議・意見書を可決したほか、沖縄県民による大規模な抗議集会がいくつも開催された。普天間飛行場の県内移設への影響を恐れた稲嶺は、二〇〇〇年八月末、県議会の総意のもとに独自の日米地位協定改定案を日本政府・米国駐日大使館に提出する。

沖縄県による日米地位協定改定案は大きく分けて一一項目からなっていた。主な内容は、次の通りである（全改定案は巻末資料「沖縄県による日米地位協定見直し要請」を参照）。

日米地位協定第二条（基地の提供と返還）について、日米合同委員会合意に関する地方自治体からの要請を検討するという一文の追加と、その際の日米両政府による自治体の意見聴取および意見の尊重を要望している。また、各米軍基地に関する日米合同委員会の合意で基地の使用範囲、使用目的、使用条件を明記するよう求めている。

在日米軍基地の運用が国の安全保障政策の一環であるとしても、米軍による事故・犯罪など基地の影響を受けるのは基地所在自治体とその住民である。そのため、自治体の意見を無視した運用がなされないよう要請したものである。沖縄県はドイツの補足協定を参照して、基地ごとの規模、種類、条件、提供期間の明文化も要請事項に盛り込んだ。

第三条（基地の管理権）についても、沖縄県はドイツ補足協定を参考に自治体の基地内立ち入り、米軍事件・事故に関する情報公開と通報手続きの詳細化、米軍の訓練に対する航空法をはじめとする国内法の適用などを求めた。また、この第三条に環境条項を新設し、米軍の環境保全義務、米軍に対する国内環境法令の適用、米軍に環境汚染の際の原状回復義務を課すことを要請している。

第五条（国内移動と出入り）については、米軍による民間空港や港の使用を緊急時以外には禁止することや、「移動」や「出入り」に米軍の訓練を含めないことを明文化するよう求めている。

第一七条（刑事裁判権）については、一九九五年に日米両政府が合意した地位協定の運用改善が守られず、事件・事故の際に米軍が以前と変わらず起訴前の米軍関係者引き渡しを拒否している実態を強く批判し、運用改善では不十分なので改定をすべきだと訴えた。日本の警察当局が米軍関係者を起訴前に逮捕、拘禁できない状況では起訴を判断するための証拠の収集が難しいこと、また被疑者が米国本国に逃亡した例があることから、沖縄県は重ねて第一七条改定の必要性を主張したのである。

米国の改定案提案についての認識

沖縄県による地位協定改定案の提案について、米国防省は次のような理解と対応をまとめている。

〔二〇〇〇年時点で〕日米同盟に対する日本世論の支持は過去最高に留まっており、最近の世論調査では、回答者の七二％が、米国に対して今後五～一〇年間、日本にとって最も近しい安全保障上のパートナーであり続けることを期待している。にもかかわらず、大多数の日本人は米軍基地およびその運用の削減を望む。このことは、前述の同盟支持に深い理解が欠けていることを示唆している。このような状況で、地方の政治家たちはしだいに、同盟自体には反対せず、米軍駐留の様々な側面――訓練、寄港、環境問題――について反対することで、得点を稼げるようになった。

〔中略〕

日米地位協定反対は沖縄県内の反基地勢力にとって強力なスローガンであり、稲嶺知事も無視できない。日本政府と米国は、日米地位協定が中央政府間の議題であるという立場を堅持する。

（筆者訳／Scope Paper for US-Japan Bilateral Meeting）

稲嶺知事の立場からすれば、在沖海兵隊の存在を沖縄の世論が許容できなくなれば普天間移設の推進も不可能となる。基地移設を進めるためには日米地位協定改定によって米軍事件・事故の抑止力を高め、県内の反基地感情を緩和することが不可欠だと判断したのだろう。

だが米国政府は、稲嶺県政の誕生によって沖縄県内の世論が普天間飛行場の県内移設を受け入れたと受け止め、移設に向けたさらなる世論対策が必要だとは考えなかったのである。沖縄県による日米地位協定改定案提出の翌年の二〇〇一年七月、衆議院外務委員会は「日米地位協定の見直し」を決議し、その約一週間後には、全国知事会が「平成一四年度国の施策並びに予算に関する要望について」に日米地位協定の見直しを盛り込んだ。

また、小泉純一郎内閣の田中眞紀子外相は同じ七月、ジョージ・ブッシュ政権のコリン・パウエル国務長官との会談で、「犯罪を起こした米兵の身柄引渡が迅速に行われるよう日米地位協定の運用改善の協議を推進する」ことで合意した。田中・パウエル会談の四日後には、小泉内閣が「地位協定の改定について運用の改善で機敏に対応し、これが十分効果的でない場合は、改正を視野に入れていく」ことを閣議決定し、沖縄県の日米地位協定改定案に対する多少の配慮を示す。

その後、二〇〇四年四月の日米合同委員会で日米地位協定下での刑事裁判手続きに関する運用改善が合意され、起訴前の米兵の日本による身柄確保が円滑に行われるようになっていった。だが、目立った改善事項はその程度である。沖縄県による包括的な日米地位協定改定案と協定の本質に関わる指摘は、日米両政府によって一度も検討されることなく終わったのである。

沖縄国際大学ヘリ墜落事故

その一つの帰結が、二〇〇四年八月の普天間飛行場に隣接した沖縄国際大学への米海兵隊ヘリ墜落事故だ（事故の詳細は「はじめに」参照）。一九九六年の日米合同委員会で合意された、普天間飛行場周辺の学校などの上空を米軍機は「出来る限り」避けるという航空機騒音規制措置は努力義務にすぎず、実効性がないことが事故で明らかになった。

稲嶺知事は事故当時、南米に出張中だったが急ぎ帰国する。小泉首相や川口順子《かわぐちよりこ》外相、石破茂防衛庁長官らに対し、日米地位協定の抜本的な改定、事故原因の徹底究明、海兵隊など在沖米軍の兵力削減と訓練分散・移転、日米両国が県の捜査や汚染対策に協力すること、また大学や周辺住民への早急な補償を要請した。

小泉内閣は、二〇〇三年一一月から始まっていた在日米軍再編協議を「沖縄の負担軽減」とリンクさせることで対応する。

小泉首相とブッシュ大統領は二〇〇四年九月、防衛政策の見直し協議を加速する代わりに沖縄の負担軽減を実現するという、「パッケージ・ディール」に合意した。だが、小泉内閣は当初より短期間で普天間の危険性を除去するという名目で、「軍民共用」「一五年使用期限」という稲嶺知事の普天間移設条件を葬り去る。そのうえで、普天間飛行場の辺野古沿岸移設とひきかえに、在沖海兵隊の司令部要員八〇〇〇人とその家族九〇〇〇人を、日本政府の費用負担でグアムに移転させることで米国と合意した。だが、稲嶺知事は二〇〇六年五月、新たな移設案を受け入れることを実質的に拒む。

少女暴行事件に続いて、日米地位協定の問題性はまたしても「沖縄基地問題」として処理され、普天間飛行場の移設をめぐって政府と沖縄県が溝を深める結果となった。

環境補足協定

話を少し戻す。日米両政府は、稲嶺県政が地位協定改定案を提出してまもない二〇〇〇年九月、「環境原則に関する共同発表」で在日米軍による環境汚染に関する定期協議を開催すると謳った。だが二〇〇二年一月末、一九八一年に返還された北谷町のキャンプ瑞慶覧《ずけらん》メイモスカラ射撃場地区跡地の地中から、大量のドラム缶に入ったタール状物質が発見された際、那覇防衛施設局の照会に米軍は回答しなかった。

近くに桑江中学校や商業施設があることもあり、北谷町が経費を負担して早急にドラム缶の除去作業を実施、沖縄県がタール状物質を分析して周囲への影響はほぼないとする調査結果を発表した。那覇防衛施設局は一九七〇年代後半に米軍の指示でドラム缶を投棄したと名乗り出た元基地労働者を聴取し、「米軍が投棄した蓋然《がいぜん》性が高い」という判断を根拠としてドラム缶と汚染土壌の除去・処理費用、約八四〇〇万円を全額負担した。ドラム缶の数は最終的に二一五本にのぼっている。

稲嶺は三期目がかかる二〇〇六年一一月の沖縄知事選には出馬せず、仲井眞弘多《なかいまひろかず》が当選して保守県政を継いだ。仲井眞知事は二〇一三年一二月末、前年末に民主党から政権を奪還した安倍晋三首相と会談。毎年三〇〇〇億円台の振興予算や普天間飛行場の五年以内の運用停止、オスプレイ二四機中約半数の訓練の県外移転、そして日米地位協定の補足協定の締結などを条件に、辺野古沿岸部の埋め立てを承認する。

安倍内閣は、仲井眞の三選がかかった二〇一四年一一月の知事選に合わせて、日米地位協定を補完する環境補足協定の締結でバラク・オバマ政権と合意する。ただし、この知事選では、辺野古移設阻止を掲げた那覇市長の翁長雄志《おながたけし》が約一〇万票差で仲井眞を破ることになる。

二〇一四年一〇月に合意、翌一五年九月末に成立した環境補足協定は両国の情報共有（第二条）、環境基準の発出と維持（第三条）、環境事故や基地返還決定の後の調査のための基地立ち入り手続き（第四条）、一方の要請による日米協議開始（第五条）を定めている。岸田文雄外相は「日米地位協定そのものに環境に関する条項がなかったため、別途、環境補足協定」を締結し、第四条の立ち入り手続きによって「現地調査を実効的に行うことができるようになる」と説明した。

ところが、環境補足協定の成立は、かえって自治体による基地の環境調査を従来よりも制限する結果となった。第四条で規定された日本政府・自治体による米軍基地内立ち入りが、二つの場合に限られたためだ。一つは米国から日本に環境事故の報告があった場合であり、もう一つは、返還が決まった基地に返還日の約七ヵ月前から環境調査または文化財調査で立ち入る場合だ。返還日の約七ヵ月前よりも早く調査で基地に立ち入る場合には別途、日米両政府間の合意が必要となる。

在日米軍は二〇一四年度から、環境省が年に一度実施する「在日米軍施設・区域環境調査」を拒否するようになった。

この調査は沖縄返還後、在沖米軍基地の環境汚染の実態が次々と露呈したことを契機に、一九七八年度から全在日米軍基地で開始される。日本が基地内の水質と大気を調査して、汚染が確認されれば日米合同委員会で米国側に対策を申し入れてきた。ちなみに、沖縄の場合には環境省が県に排水調査を委託していた。この問題に関する日米合同委員会の議事録は非公表だが、環境補足協定にこの調査に関する規定がないことを口実に、在日米軍が調査を拒むようになったと推測される。

軍属による犯罪——軍属補足協定

二〇一六年四月、沖縄県うるま市で元米海兵隊員が二〇歳の女性を強姦目的で暴行し死亡させる。路上の女性を物色しながら自家用車を走らせていた犯人が、散歩中の被害者を後ろから用意しておいた棒で殴りつけ車内に引きずり込むという凶悪な事件だった。

犯人は退役後、米空軍嘉手納基地でインターネット関連業務を請け負う仕事をしており、日米地位協定上の軍属に該当した。軍属とは、地位協定第一条（b）で「合衆国の国籍を有する文民で日本国にある合衆国軍隊に雇用され、これに勤務し、又はこれに随伴するもの」で、かつ日本国に定住している者などを除くと定義されている。

日米地位協定第一七条は第三項（a）で、米兵だけではなく軍属が公務中に犯罪を行った場合にも米国に一次裁判権を認めている。また第五項（c）で、米兵のみならず軍属も日本当局が起訴まで身柄を拘束できないとする。したがって、軍属である犯人の逮捕や裁判を日本側が行うことができない可能性があった（実際には、米軍は一九八〇年以降、第三項を軍属には適用しない運用を行ってきた。また少女暴行事件後、殺人などの「重大犯罪」では起訴前に被疑者を日本側に引き渡す取り決めとなっている）。

安倍内閣は、二〇一五年一〇月に辺野古沿岸部埋め立ての本体工事に着手し、仲井眞前知事による辺野古埋め立ての承認を取り消した翁長雄志県政に対して、国土交通相による撤回

米軍属女性殺害事件への怒りの沖縄県民大会，那覇市奥武山公園，2016年６月19日　繰り返される米軍関係者による事件に対し，米海兵隊の撤退，日米地位協定の抜本改定を求めた

勧告と指示を経て、代執行訴訟を起こしていた。二〇一六年一月末に出された福岡高裁の和解勧告に安倍内閣は消極的ながら応じ、三月から一時的に工事を中断していた。

うるま市殺人事件が起きたのはこのようなタイミングであり、七月には参議院選挙も控えていた。

そのため、安倍内閣は参議院選挙を目前に①軍属の範囲の限定、②日本に定住する者の軍属からの除外、③日米地位協定上の地位の見直し、④日米地位協定上の地位を有するすべての者の教育・研修の強化について協議することで米国政府と合意する。

日米両政府は、約七三〇〇人いる米軍属の定義の不明瞭さが米軍の責任や管理体制を曖昧にし、軍属の規範を弱めていると考

7-2　軍属補足協定における軍属の定義

1	米国政府予算で在日米軍が雇用する文民
2	歳出外資金で在日米軍が雇用する文民
3	米軍が運航する船舶や航空機の文民乗組員
4	米国への福利厚生サービスを提供する赤十字などの被用者
5	米国以外の米国政府の被用者
6	軍用銀行の被用者
7	日米合同委員会が特に認めた者
8	契約業者の被用者 【条件】 ・高等教育などによる技能や知識を取得 ・米国政府の情報取り扱い資格を保持 ・米国政府の省庁などの免許や資格証明書を保持 ・緊急事態で専門的な任務を行う短期滞在 ・日米合同委員会が特に認めた場合

え、軍属の定義や範囲を明確にすべく二〇一七年一月一六日、日米地位協定に付随する軍属補足協定を締結した。

ただし、この協定の第三条第一項は結局、軍属の具体的な範囲を明記せず日米合同委員会で軍属の範囲を決めると定めている。軍属に該当する米軍との契約業者で雇用される者（被用者）の認定基準についても、軍属の範囲と同様に日米合同委員会で策定されることになった（第三条第二項）。また第五条では、軍属認定された契約業者の被用者の氏名や総数、彼らの認定基準を米国政府から日本政府に報告することや、認定基準を日米合同委員会で定期的に見直すことが明記された。

二〇一七年一月一六日の日米合同委員会は、軍属の範囲や軍属に該当する契約業者の被用者の認定基準について合意し、うるま市殺人事件の犯人は軍属としての地位を持たないこととした。

日米合同委員会で軍属に分類されたのは、7－2の通りである。

この取り決めによって軍属と見なされなくなる民間企業従業員の犯罪は、日本に裁判権が移った。ただし同時に、新基準は既存の契約には適用されないことも決められた。そのため、軍属の数がどれだけ減るのかははっきりしていない。

二〇一六年一二月のオスプレイ墜落事故

軍属補足協定が結ばれた日、翁長雄志沖縄県知事は「今回の見直しが事件・事故の減少に直接つながるものか明らかではなく、ひきつづき米軍関係者の教育・研修の強化に取り組んでもらう必要がある。諸問題の解決には地位協定の運用改善だけでは不十分」だとコメントした。

当時、翁長知事は日米地位協定の運用改善の限界を痛感していた。辺野古に近い名護市安《あ》部《ぶ》の沖合で二〇一六年一二月一三日、普天間飛行場所属のＭＶ－22輸送機、通称「オスプレイ」が墜落し大破したのだ。

二〇〇四年の沖縄国際大学ヘリ墜落事件の際、事故直後から米海兵隊員が一方的に現場を封鎖して沖縄県内の激しい反発を浴びたことはすでに触れた。そのため日米合同委員会は翌二〇〇五年四月、在日米軍基地外での米軍機事故に関するガイドラインを作成していた。

ガイドラインでは、①基地外の米軍機事故現場の規制は、日米両当局が共同で行うこと、②事故現場には「内周規制線」と「外周規制線」が設けられ、内周規制線は日米共同、外周規制線は日本側当局による現場管理と立ち入り規制が行われること、③米国はすべての残骸、部分品、部品、残渣《ざんさ》物を管理すること、が取り決められた。

しかし、二〇一六年末のオスプレイ大破事故の際、第一一管区海上保安本部は米軍の拒否で内周規制線の内側に一度も立ち入ることができず、日本からの共同捜査の申し入れにも米軍の回答はないままだった。内周規制線内への立ち入りは日米相互の同意にもとづくというガイドラインの規定を悪用して、米軍は日本当局を事故現場から締め出したのだ。

沖縄県警は刑事特別法第一三条の規定にもとづき機体の差し押さえを求めたが、米軍はこれも拒否して機体の残骸を回収した。

結局、海上保安庁は機体を含む現場の撮影や潜水士による水中からの実況見分を行い、翌二〇一七年九月になって米国から提供されたパイロットの操縦ミスが原因とする事故調査報告書から、航空危険行為処罰法にもとづく捜査を続行した。しかし、一年経っても捜査継続状態のままであった。

翁長県政の地位協定改定要求——強く求めた自治体関与

翁長知事は、うるま市殺人事件やオスプレイ墜落事故を受けて、「県民の怒りは限界を超えつつある」と二〇一七年九月一一日、外務・防衛両省と駐日米国大使館に「日米地位協定の見直しに関する要請書」を提出する。

稲嶺県政下での沖縄県独自の日米地位協定改定案から、一七年経って新たに提出された改定案一一項目は、一言でいうと日米地位協定の運用への自治体の関与を強く要求するものだった。主な内容は、次の通りである（全改定案は巻末資料「沖縄県による日米地位協定見直し要請」を参照）。

第一条（米軍構成員、軍属、家族の定義）については、軍属補足協定では曖昧な次の点の改善を求めた。すなわち、①日米両政府が共有する軍属の情報やその範囲の定期的見直しの結果を地方自治体に情報提供、②軍属ではないが米軍基地内で働く者が事件・事故後に基地内に逃げ込んだ場合の逮捕や身柄引き渡しである。

第二条（基地の提供と返還）については、日本政府が辺野古移設を強行していると批判し、自治体との協議やその意思の尊重を条文に盛り込むよう求めた。

第三条（基地の管理権）については、環境補足協定の成立によっても米軍基地内への環境調査や文化財発掘調査のための立ち入りができず、米軍による汚染事故の報告も限定的で遅

翁長雄志　知事在任2014～18年

いなどの現状を指摘した。そのうえで環境条項の新設や、返還日の三年以上前から基地への立ち入り調査を可能にすること、基地へのドイツ並みの国内環境法令の適用を要請している。また、環境調査や文化財発掘調査のための基地立ち入りが円滑に行えるよう、環境補足協定で立ち入り手続きを明確に定めることを求めている。

第四条（原状回復・補償）に関しては、返還が予定されている基地の環境汚染が確認された際には、日米両政府が確実に自治体への情報提供や原状回復を行うことを明文化するよう要求した。また重ねて、環境調査や文化財発掘調査の円滑な実現を要請している。

第一七条（刑事裁判権）については、オスプレイ墜落事故をふまえて基地外での米軍機事故の際には日本当局が証拠物件を捜索、差し押さえまたは検証できることや、事故現場の統制を日本側の主導とすることなどの明文化を要求している。

だが安倍内閣は、翁長県政の日米地位協定改定案を黙殺した。

他方で、二〇一八年七月二八日、全国知事会は日米地位協定の抜本的改定を含む「米軍基地負担に関する提言」を全会一致で採択した。それは、翁長知事の要望を受けて二年間の調査を行った結果をふまえた内容であり、日米地位協定改定による米軍基地への航空法や環境法令などの原則適用が提言されていた。翁長知事はがんの治療中であり、謝花喜一郎《じゃはなきいちろう》副知事が代理で全国知事会に出席した。

それからまもない八月八日、翁長知事は在職中のまま急逝。予定を前倒しして九月三〇日に投開票された沖縄知事選では、二人の有力候補者いずれも日米地位協定改定を公約に掲げたが、翁長の遺志を継いで辺野古移設阻止を主張する玉城《たまき》デニーが当選した。

終章　日米地位協定のゆくえ――改定の条件とは

米軍はなぜ日米合意を守らないのか

米軍の事件・事故をめぐる問題には、日米地位協定に原因があるものとそうではないものとがある。そこを整理せずに日米地位協定改定の議論を進めれば、仮に改定が実現したとしても問題が残るだろう。

日米合同委員会は一九九六年、普天間飛行場の航空機騒音規制措置の一つとして、「進入および出発経路を含む飛行場の場周経路は、できるかぎり学校、病院を含む人口稠密地域を避けるよう設定」することで合意している。

この合意は守られず、二〇〇四年には沖縄国際大学に普天間飛行場所属のヘリが墜落し、学長らが執務を行う本館ごと炎上する事故が起きた。そこで二〇〇七年八月に再度、日米間で普天間離着陸経路が再設定され、沖縄国際大学や普天間第二小学校など学校上空を避ける飛行経路が確認される。

だが、この合意も守られなかった。二〇一七年一二月には沖縄県宜野湾市の緑ヶ丘保育園と普天間第二小学校の真上で、普天間飛行場所属のヘリコプターが部品を落下させる。ただし緑ヶ丘保育園については、米軍は現在に至るまでその事実を認めていない。

なぜこのように、米軍の事故を防止するための日米間の合意は守られないのか。

二〇一五年一月に米国務省が公表した「地位協定に関する報告書」は、率直にその理由を記している。

報告書によれば、同盟国との間で締結した地位協定の問題を扱うのは、米政府のなかでも国務省と米国防省・米統合参謀本部だが、両省とも、地位協定の担当部署の人員はごくわずかしかいない。担当に任命されるのは長年のキャリアを積んだ専門家だが、二、三年で配属が変わり、引き継ぎがしっかりとされていない。

また、地位協定に関わる問題が起きたとき、米軍を受け入れている国との最初の窓口は現地の大使館だが、国務省は地位協定に関する経験を積ませないまま各国大使館に人を派遣してきた。したがって、大使館の人間は地位協定に関する知識がなく、政策上の優先度も低く見ている。

こうした環境はさらに悪化している。二〇一七年一月に発足した米国のドナルド・トランプ政権は、各省の政治任用の政府高官の任命を遅らせるなかで、とりわけ国務省を冷遇し、国務省の本来の職務を無視した大統領令を発令してきたからだ。

国務省で、国防総省とのやりとりも含めて地位協定の問題を扱うのは政軍局である。オバマ政権からトランプ政権でも引き続き、ティナ・カイダナウ国務次官補代理が政軍局を統括したが、トランプ大統領は、国務省の人員を大幅に縮小して同省予算を削減。その分を国防予算に充《あ》てる方針をとっている。

レックス・ティラーソン国務長官はトランプの方針に従って、国務長官への助言を行う政策企画局（PPS）に人員を集中し、そのほかの部署の人員のリストラを進める「改革」に邁進《まいしん》した。国務長官がマイク・ポンペオに代わっても、国務省の予算削減方針は変わらず、政軍局も含めて国務省は通常業務を満足に行えない状況に置かれた。

そのうえ、トランプ大統領は二〇一七年後半に入ると国務省に同盟国への米製武器の売り込みを命じた。武器メーカーとの打ち合わせや、武器の売り込みのための韓国・フィリピン訪問などに追われているカイダナウに、地位協定の問題を検討する時間はあまりないだろう。

国防省で地位協定を担当するのは政策担当国防次官だが、ブッシュ（子）政権で国務次官補や国務次官代行を務めたジョン・ルードが、トランプ政権の政策担当国防次官に任命されたのは二〇一八年一月九日。トランプ大統領就任後、約一年間、地位協定の担当者は不在だった。

日米地位協定を含め、地位協定の問題に関する引き継ぎや業務をきちんと行っていない米国政府が、日米間の過去の合意を守らないのはある意味、当然の帰結といえよう。日本政府は繰り返し、過去の合意を米国側に周知し、その遵守を求めるところから始めなければいけないのだ。

「NATO並み」の壁と実態

日本政府は一九六〇年の安保改定以来、日米地位協定が「NATO並み」の内容だと主張してきた。ただし二〇一八年に入ってから、米国と相互防衛条約を結んでいるNATO加盟国とそうではない日本では地位協定の内容が異なるのは当然だと、政府見解を一部変更する。

これに対して、日米地位協定を批判する議論は、NATO軍地位協定と比較してどれだけ日米地位協定が不平等な内容かを強調しがちだ。最近では、フィリピンや韓国の地位協定と比較しても日米地位協定が不利だという議論もある。

だが、こうした議論が日米地位協定の改善や改定につながるかは疑問だ。各国の地位協定は国ごとの歴史または時代状況のなかで締結され、改定されてきた。個別に異なる背景を無視して単純に有利、不利を比較しても改定実現の道筋は見えない。

ドイツ、イタリアを含めたNATO加盟国は、米国の同盟国のなかで例外的に「互恵性」

のある米軍地位協定を結んでいる。互恵性とは、先述したように同盟国が互いに法的に対等な関係にあることを意味する。そのため、NATO諸国に駐留する米軍には駐留国の法律が適用できる。

これはあくまで、NATO地位協定のみの話である。NATO諸国だけが互恵性のある地位協定を米国と結んでいるのは、米国並みの民主主義的かつ人権を尊重した国内法を持つと認められているからだ。

翻って日本はどうか。国際人権NGOのアムネスティ・インターナショナルは、日本政府に対して繰り返し国内人権機関の設置、死刑制度の廃止、移民・難民の権利保護、ヘイトスピーチなどの人種差別への十分な対応などを求め、対応しないことを批判してきた。また、国連人権規約委員会は、日本の代用監獄制度や取り調べの際の強制自白などを強く批判している。

このように日本は、国際社会から人権問題で批判されてきた。ドイツやイタリアのように、米軍訓練の規制や基地周辺の環境保護などが可能な日米地位協定を求めるには、日本はまず欧米並みの民主主義的な制度や法律の整備から始めなければならない。

もっとも日米地位協定で、すでに「NATO並み」を達成している規定もある。刑事裁判権について定めた第一七条である。ただし、「NATO並み」に日本に有利な内容ということではなく、「NATO並み」に不平等なものとなっているという意味だ。

この刑事裁判権について、NATO地位協定と日米地位協定は、基地内外にかかわらず事故や犯罪の加害者が米兵・軍属で、①米国とその財産に対する犯罪、②被害者が米兵・軍属の場合、③軍務遂行中に行われた犯罪について米国に一次裁判権を認めている。また、それ以外の場合には、米軍を受け入れている国に一次裁判権を認めている。だが実際には、米軍側が「加害者は軍務遂行中だった」と主張した場合、受入国は大抵それを認めざるをえない。

また、お互いに裁判権についての相手国からの要請に「好意的配慮」を示せば、自国の裁判権を放棄して相手国に譲ることが可能だとされている。米軍はこれまで世界中のほぼすべての米兵犯罪について、受入国に裁判権放棄の圧力をかけてきた。そのため、現実には、米兵は母国で裁かれることが多い。

さらにオランダやギリシャ、かつての西ドイツのように、米国との個別協定であらかじめ一次裁判権を一括放棄するよう取り決めている場合もある。ただし西ドイツは統一後、米兵・軍属が「重大犯罪」を起こした場合、ドイツ側が裁判権を放棄しなくてよいように協定を改定した。

米軍の裁判管轄権重視――国内世論対策

米国が他国に駐留する米軍の取り扱いを定めた地位協定の規定のなかでも、とりわけ裁判管轄権にこだわってきたのは、外国で罪を犯して捕らえられた米兵・軍属がその国の裁判所で裁かれる場合に、人権が守られない可能性について米国世論が過敏に反応するからだ。

一九九五年の少女暴行事件でも、沖縄での裁判に反対する被疑者の家族が来日し、「〔事件は三人全員が黒人の米兵に対する〕人種差別によるでっち上げ」「沖縄だと陪審員が不当な判断をする」と主張していた。ちなみに当時の日本は、裁判員裁判の導入前だった。

このときは、ビル・クリントン政権のモンデール大使が米兵たちを「アニマル」と呼び、日本政府に対してただちに謝罪するほど事態を重く見ていたため、那覇地裁で裁判が行われ、米兵三人は実刑判決を受けて日本で服役した。

二〇一五年一月に米国務省が発表した「地位協定に関する報告書」は、なぜ米国政府が地位協定のなかで刑事裁判権に最も高い優先度を与えるのか、本音に近い理由を説明している。米兵・軍属が外国で「不公正」な司法制度によって裁かれた場合、米国政府が国民の支持を得て海外に軍を展開できなくなる可能性があるからだという。

米国は建国から第二次世界大戦まで、戦時を除いて同盟国を持たない「孤立主義」の国家だった。ソ連との冷戦を戦うために世界中に同盟国を求め、海外基地ネットワークを張りめぐらせても、孤立主義の考え方は国民の間で根強く支持されている。米国政府にとって、同盟国との地位協定で米国に有利に規定した裁判管轄権は、国内世論の孤立主義を刺激しないための安全弁なのである。

在日米軍基地への国内法適用

沖縄県が二〇〇〇年に稲嶺恵一県政のもと、また一七年に翁長雄志県政のもと、二度にわたって日米両政府に提出した日米地位協定改定案は、随所でドイツの補足協定を引用し、ドイツ同様に米軍基地にも国内法を適用すべきだと主張している。

西ドイツ政府はNATO加盟時から、自国の軍隊の主力をNATO管理下に置き、命令権や司令権の一部を移譲してきた。つまり、ドイツ軍の主力は自国政府ではなくNATOの指揮に従って動くということだ。このため西ドイツは、ドイツ軍と在独NATO軍を区別せずに関連法令を整備してきた。

ドイツ統一によって在独NATO軍が占領軍としての性質を失ったとき、新生ドイツは自国軍とNATO軍の一体性を活かして補足協定を改定させた。駐留軍に対する国内法の適用範囲を広げることで、駐留軍の訓練や環境保護に関する規制を強めたのだ。

日本の場合には、憲法九条とこれを支持する世論のもとで防衛関連の法律の整備が不十分な状態が続いてきた。しばしば「日米地位協定は日本の主権の問題」といわれるが、仮に日本の主権を守るべく在日米軍・基地に日本の国内法を適用しようとしたとき、はたして国内法で在日米軍の活動や基地の運用をカバーできるのだろうか。

イタリアは、ドイツよりもさらに駐留米軍に対する国内法の適用範囲が広い。イタリアがNATO軍地位協定とは別に米国と結んだ二国間協定では、ほぼすべての事項について、米軍の権利よりもイタリアの主権が優先されている。ただし、この二国間協定は、先述したようにあくまで「平時」の適用が条件になっている。米伊両国が緊急事態だと認めた場合には二国間協定ではなくNATO軍地位協定が適用され、米軍の権利はより広く認められる。

翻って日本では、米軍はどんなときでも非常事態、緊急事態を前提とした基地の使用を認められている。常に有事を想定した米軍の訓練が、在日米軍基地内にとどまらず日本上空や領海でも実施されているのである。そのため、騒音などの被害や事故も多い。

もし日米地位協定が平時と有事の二段構えになれば、有事を想定した昼夜を問わない在日米軍の訓練は大きく規制されるだろうか。現在の安倍晋三内閣の安全保障政策を見るかぎり、あまり期待できそうにない。

安倍政権は、尖閣諸島周辺の接続水域への中国船侵入を重大視し、また北朝鮮の核ミサイル実験に対してJアラートや避難訓練を実施し、これらの脅威を「国難」と呼ぶ解散総選挙を行ってきた。平時を有事であるかのように喧伝《けんでん》する政府のもとで、はたして平時を前提とした日米地位協定の規定が運用されるだろうか。

結局、問われるのは国の安全保障観であり、それを支える世論なのである。

日米地位協定の改定交渉の条件

ここまでの議論に対し、日米合同委員会の合意事項遵守や、日米地位協定の互恵性と平時・有事の区別を実現するには、むしろ国際社会から指摘されている問題を解決し、日本人の安全保障観を変えながら、日米地位協定の改定交渉をすべきだという意見もあるだろう。では、改定交渉を行ううえでの問題は何だろうか。最大の問題は、米国が応じるのかということである。

日米行政協定と日米地位協定の成立過程では、既得権益を死守しようとする米軍部の意向で交渉が難航した。日本はどちらの協定でも、基地の返還や基地外での米軍の行動の規制などを達成しようとして、米国の頑なな拒絶で果たせなかった。

基地の返還は、沖縄返還交渉でも日米間の主要な対立点となる。日本は基地返還にともなう費用負担を引き受けることで、在沖米軍基地の整理縮小を実現しようとした。だが、米国から天文学的数字の移転費用を要求されて挫折する。

このように、日米地位協定に関わる過去の交渉で、米国は自国の利益を最大限追求して日本の要求を受け入れなかった。そのため一九九〇年代以降、日本政府は日米地位協定の改定交渉を避け、運用改善によって日米地位協定に対する国内からの批判を緩和する方針をとっている。

それでは、米国が日米地位協定の改定交渉に応じる条件はあるのだろうか。

先述した国務省の「地位協定に関する報告書」は、米軍を受け入れている国がその存在を必要としていれば、地位協定についての交渉で米国は常に優位に立つと分析している。日本政府は戦後一貫して、戦争を放棄する憲法九条を支持する代わり、米軍の日本駐留によって安全保障を確保する方針をとってきた。この安全保障政策が変わらないかぎり、米国が日米地位協定の改定交渉に応じる可能性はないということになる。

「地位協定に関する報告書」はまた、駐留米軍が受入国の主権を侵害しており不要な存在だとその国の国民が考えれば、米国は交渉で優位に立てなくなると指摘している。

少女暴行事件の二ヵ月後の一九九五年一一月、『朝日新聞』が全国と沖縄などを対象に実施した世論調査では、日米地位協定の「条文見直し」を求める回答は全国、沖縄とも八〇％近くを占めた。だが、日米安保条約の維持に賛成する回答は全国で六四％、沖縄で四一％となり、どちらも反対を上回る。報告の言葉に従えば、日本全国の世論が日米地位協定改定の要求にとどまらず、日米安保条約を支持しないことが、日本の望む内容での日米地位協定改定につながることになる。しかし、現状の日本世論はそうなっていない。

在日米軍の特権を記した合意議事録の撤廃を

現実に日米地位協定改定が実現する可能性が低い以上、本書で論じてきた日米地位協定のさまざまな問題点は解決できないのか。そうではない。一九六〇年に日米地位協定とともに日米両政府が取り交わした、日米地位協定合意議事録を撤廃するという方法がある。

この合意議事録は、基地管理権や基地外での米軍の行動について規定した第三条、米軍の移動について規定した第五条、刑事裁判権について規定した第一七条など、日米地位協定のなかでもとりわけ在日米軍の特権の根幹に関わる条項の解釈を取り決めたものである。その目的は、日米行政協定で確保した米軍の既得権益を、日米地位協定への全面改定後も温存することにあった。

合意議事録によって、日米地位協定で日本が新たに獲得したはずの権利は形骸化する。たとえば第三条では、米軍は基地内については管理権を持つが、基地外では必ず日本政府と協議したうえで日本の国内法令にもとづいて行動すると定められている。

だが、実際にはそうなっていない。第三条に関する合意議事録では、基地外でも米軍の判断で米軍機の離着陸や操作を行うことができると定められているからだ。米軍機が日本国内の民用地で緊急離着陸を行うのは、この合意議事録を根拠としている。

また、日米地位協定第一七条は、基地外での米軍事故や犯罪の捜査の際、米軍は日本当局との取り決めに従って無断で行動しないとする。しかし、第一七条に関する合意議事録は、日本当局が「所在地のいかんを問わず合衆国軍隊の財産について、捜索、差押え又は検証を行なう権利を行使しない」と取り決めている。二〇〇四年の沖縄国際大学へリ墜落事件で、米軍が一方的に大学構内を占拠したのは、この合意議事録にもとづいた行動だった。

しかも、合意議事録は一九六〇年六月二三日の官報号外に掲載されただけで、二〇〇四年まで非公開だった。合意議事録に従って在日米軍の運用を話し合う日米合同委員会の合意事項も、ほとんどが非公表で、日米合同委員会が密約の温床との誤解にもつながっている。

一九六〇年に結ばれた日米地位協定合意議事録を撤廃し、日米地位協定の条文通りの運用を行うことによって、不完全ではあるが協定が抱える問題の大部分は改善されるだろう。

ただし、協定の改定ではなく合意議事録の撤廃という形であっても、米国の同意を得ることが困難であることに変わりはない。既得権益を奪われることに対して、米軍部はあらゆる手段を用いて抵抗することが予想される。

それでも合意議事録の撤廃を提案する理由は、次の二点である。

第一に、合意議事録が国会の審議を経ていない点で正統性を持たないことだ。現在は外務省のホームページで公開されているが、一九六〇年の締結時に、日米地位協定本文とは異なり国会に提出されていない。正統性のない合意議事録を維持することは、日米地位協定そのものの正統性に関わってくる。

日米地位協定合意議事録がこれまで公の場で論じられてこなかったのは、国民が同意しているからではなく、単に政治の場やメディアで注目されず知られていなかっただけである。これは日米安保研究の知的怠慢のせいでもある。

合意議事録の問題性が広く知られるようになれば、世論の大多数は日米地位協定の正統性に疑義を抱き、合意議事録の撤廃を支持するだろう。日米地位協定の存在意義が揺らぐことは、日米両政府とも望まないはずだ。

第二に、交渉の難易度が下がることだ。日米地位協定の複数の条文を見直すとなれば、交渉はかなりの長期間に及び、さらに交渉中に日米両国の政府が交代して方針が変われば、長期化はより深刻なものとなろう。これに対して、合意議事録の撤廃という論点はシンプルであり、交渉期間の長期化を回避しやすい。

日米地位協定が抱える問題を放置することは、日米安保条約の脆弱《ぜいじゃく》性につながる。日米同盟を盤石《ばんじゃく》にするためには、この問題から目をそむけずに解決する必要があるだろう。

あとがき

一九九五年に沖縄で三人の米兵が小学生一人を暴行する事件が起きたとき、起訴前に米兵の身柄を日本側が拘束できないことへの強い批判がわき上がった。日本社会で広く日米地位協定の問題が共有されたのは、おそらくこのときが初めてである。

翌一九九六年、国際法学者の本間浩が日米地位協定を包括的に論じた初の研究書『在日米軍地位協定』(日本評論社)を刊行したのも、暴行事件への問題意識からだった。

二〇〇四年には、外務省が一九七三年に作成し八三年に増補した「日米地位協定の考え方」という内部文書を、『琉球新報』が入手・公開して、日米地位協定の運用の実態が明らかになる。

「日米地位協定の考え方」の分析をはじめ、日米地位協定の問題に取り組んできたのは主にジャーナリズム関係者だった。前泊博盛編著『本当は憲法より大切な「日米地位協定入門」』(創元社、二〇一三年)を皮切りに、この五～六年の間に日米地位協定に関する数々の重要な書籍が刊行されたが、その多くがジャーナリズム関係者の労作である。

二〇一〇年には、民主党政権下で、いわゆる日米「密約」に関する外交文書の調査結果が公表され、大量の文書公開も実現したが、日米地位協定に関する「密約」は議論の対象とならなかった。私も含めた研究者の知的怠慢といわざるをえない。

実際には、本書で論じているように、一九六〇年に日米地位協定が成立する日米安保条約改定交渉の過程で、日米両政府は日米地位協定合意議事録を非公開の形で取り交わしている。日米地位協定の前身である日米行政協定で在日米軍が持っていた特権を、日米地位協定の規定にかかわらず引き継ぐことに合意したものだ。

この結果、米軍の機体や船舶は日本領空・領海で「移動」の名目で自由に訓練でき、民用地でも緊急の離発着や寄港ができ、基地の外でも米軍は事故・犯罪現場を封鎖して証拠や被疑者を確保できることになっている。いずれも、日米地位協定の条文で許されているものではない。二〇〇四年まで非公開だった日米地位協定合意議事録にもとづいた運用にすぎない。

私自身は日米安保条約を支持する立場だが、民主主義国家のなかで一般国民の関知しない合意議事録に従った日米地位協定の運用を行うことは、条約と協定の正統性を著しく損なうものであり、非常に問題があると考える。だが、この問題が知られていないためにこれまで議論がなされなかった。

暴行事件以来、在日米軍による犯罪や事故が起こるたびに、日米地位協定の改定が叫ばれる。しかし、なぜ現状のような日米地位協定の運用が行われているのか、理解することなしに真の解決は得られないのではないか。そのような危惧が本書執筆の動機となった。

したがって本書では、これまで論じられなかった日米地位協定合意議事録を取り上げ、結ばれた経緯やその特徴、そして運用の問題を日米両政府の一次史料も用いて解明している。

また、日米地位協定の不平等性を強調した、ドイツやイタリアの地位協定との比較が論じられることが多いが、二国間同盟である日米安保と多国間同盟であるNATOの差異が無視されがちである。さらに本書では、日本とドイツ、イタリアとの違いはむしろ、冷戦終結後に米国の世界戦略の変化をとらえて、自国の地位協定改定交渉につなげたかどうかにあったことを指摘している。

日本はドイツ、イタリアとは異なり、冷戦後の地域紛争に同盟国として協力するよう求めた米国の要請を、日米地位協定改定交渉に利用するという発想がなかった。それどころか、一九九五年の暴行事件を機に国内で日米地位協定改定の要求が高まると、日本政府はこれを鎮静化するために日米地位協定の問題を「沖縄基地問題」に転化し、問題の解決をむしろ遠ざけたことも考察している。

正直に言うと、日米地位協定について書くことを決心するには大きな恐怖をともなった。

この問題が政治的論争の渦中にあり、研究者としての誠実さを維持することが困難なのではないかと怖れたのだ。そんな私を突き動かしたのは、自分を研究者として育ててくれた沖縄への限りない感謝の念である。

私は北海道で生まれた。チェルノブイリ原発事故やソ連邦の解体を身近に感じながら育ったこともあり、国際関係論で有名だった一橋大学への進学を志す。だが、親の理解が得られず、学部から博士課程まで働きながらの学生生活となり、指導教官たちとの関係も複雑だった。

編集者として働いていたとき、沖縄に通い始める。沖縄県公文書館は全米の国立公文書館、大統領図書館、大学図書館が所蔵する米政府史料を集めており、海外史料調査に行く時間・金銭的余裕がない私の研究を大いに助けてくれた。

五年ほど年に二回は沖縄県公文書館に通い続けた頃、夫が沖縄の大学に着任し、住まいも沖縄に移す。国際政治学者の我部政明先生が、対外問題研究会に温かく受け入れてくださった。ジャーナリストの屋良朝博さんには、公私にわたってお世話になった。さらに、当時まだ博士課程に在籍中だった私の研究を『沖縄タイムス』が一面で取り上げ、いくつかの出版企画にもつながった。福元大輔記者には深く感謝している。

決心とは別の問題もあった。冷戦史や日米外交史を専門とし、『米国と日米安保条約改定

——沖縄・基地・同盟』（吉田書店、二〇一七年）を上梓《じょうし》しても、日米地位協定はあまりに難解だったのだ。だが、本書の企画を相談した中公新書編集部の白戸直人さんが、まさかの二週間で企画を通されたので、後には引けなくなる。こうして本書を書き始めた。

憧れの編集者だった白戸さんから、本書の隅々まで丹念な助言を得られたのは望外の喜びだった。超多忙のなか、原稿をチェックしてくれた、朝日新聞社会部の木村司記者と夫の野添文彬沖縄国際大学准教授にも心よりお礼を言いたい。

日米地位協定は沖縄の問題ではなく、日米安保条約の問題であり、日本全体が問うべき問題にほかならない。本書がもし、日本社会がそうした認識を共有し、日米地位協定についての議論を深めることに多少なりとも寄与すればと願っている。

二〇一九年三月　自宅でF35とオスプレイの音を聞きながら

山本　章子

参考文献

史資料

一次史料

『日米安全保障条約関係一件／第三条に基く行政協定関係／刑事裁判権条項改正関係』第一巻、外務省外交史料館

『日米安全保障条約の改定に係る経緯』二〇一〇－六二二六（第一巻・第二巻・第四巻・第五巻）、外務省外交史料館

『日米関係（沖縄返還）三七／一九七〇年ＳＯＦＡの適用（基地の整理・統合）』二〇一四－四一二六、外務省外交史料館

『平和条約の締結に関する調書Ⅳ』外務省ＨＰ「日本外交文書デジタルアーカイブ　平和条約の締結に関する調書　第二冊」（http://www.mofa.go.jp/mofaj/annai/honsho/shiryo/archives/sk-2.html）

『平和条約の締結に関する調書Ⅷ』外務省ＨＰ「日本外交文書デジタルアーカイブ　平和条約の締結に関する調書　第五冊」（https://www.mofa.go.jp/mofaj/annai/honsho/shiryo/archives/sk-5.html）

Foreign Relations of the United States, 1951, Vol. VI, Asia and the Pacific, Part 1, (Washington, D.C.: U.S. Government Printing Office, 1977), Doc. 702, 763, 786 and 787.

Foreign Relations of the United States, 1952-1954, Vol. XIV, China and Japan, Part 2, (Washington, D.C.: U.S. Government Printing Office, 1985), Doc. 481 and 483.

二次史料

沖縄県「日米地位協定の見直しに関する要請書（本文）」「日米地位協定の見直しに関する要請書（別冊）」二〇一七年九月

沖縄県知事公室基地対策課『沖縄の米軍基地』二〇一三年三月

会計検査院「在日米軍関係経費の執行状況等について」平成三〇年四月

『神奈川の米軍基地』神奈川県、二〇〇七年（http://www.pref.kanagawa.jp/cnt/f417517）

『九州大学年表』九州大学大学文書館（http://www.arc.kyushu-u.ac.jp/data/chronology06.html）

内閣府大臣官房政府広報室「自衛隊・防衛問題に関する

世論調査」二〇〇三年一月実施（https://survey.gov-online.go.jp/h14/h14-bouei/2-6.html/）
『米軍機墜落事故災害誌〔復刻版〕』町田市、二〇〇二年（初版：一九六五年）
『防衛施設庁史』防衛省、二〇〇七年（http://www.mod.go.jp/j/profile/choushi/choushi.html）
防衛省『米軍と自衛隊が共同使用している防衛施設』防衛省・自衛隊ＨＰ（http://www.mod.go.jp/j/profile/choushi/archive/zainichibeigun/pdf/jimoto_qa/kanoya/060203_a_op3-5.pdf）

†文献史料

明田川融『日米地位協定――その歴史と現在』みすず書房、二〇一七年
アチソン、ディーン（吉沢清次郎訳）『アチソン回顧録一・二』恒文社、一九七九年
荒川章二『軍用地と都市・民衆』山川出版社、二〇〇七年
新崎盛暉『沖縄現代史〔新版〕』岩波新書、二〇〇五年
粟屋憲太郎・中園裕編『敗戦前後の社会情勢　第七巻：進駐軍の不法行為』現代史料出版、一九九九年
池田慎太郎『現代日本政治史二　独立完成への苦闘　一九五二～一九六〇年』吉川弘文館、二〇一二年
伊勢崎賢治・布施祐仁『主権なき平和国家―地位協定の国際比較からみる日本の姿』集英社、二〇一七年
太田昌克『日米「核密約」の全貌』筑摩選書、二〇一一年
我部政明「地位協定と沖縄」『国際政治』第一一五号（一九九七年五月）、四二～五七頁
我部政明『沖縄返還とは何だったのか――日米戦後交渉史の中で』ＮＨＫブックス、二〇〇〇年
楠綾子『吉田茂と安全保障政策の形成――日米の構想とその相互作用、一九四三～一九五二年』ミネルヴァ書房、二〇〇九年
倉林直子「駐留米軍をめぐる政府と議会の関係――ジラード事件への対応を中心に」『麗澤大学紀要』第九三巻（二〇一一年一二月）、二五～四四頁
栗田尚弥編著『米軍基地と神奈川』有隣新書、二〇一一年
栗山尚一『日米同盟――漂流からの脱却』日本経済新聞社、一九九七年
航空管制五十年史編纂委員会編『航空管制五十年史――航空交通の安全ひとすじに』航空交通管制協会、二〇〇三年
河野洋平『日本外交への直言――回想と提言』岩波書店、二〇一五年
小山高司「沖縄の施政権返還前後における米軍基地の整理統合をめぐる動き」『戦史研究年報』第一六号（二〇一三年三月）、八四～一〇五頁
斎藤光政『米軍「秘密」基地ミサワ――世界に向けられ

た牙』同時代社、二〇〇二年
坂元一哉『日米同盟の絆――安保条約と相互性の模索』有斐閣、二〇〇〇年
櫻川明巧「日米地位協定の運用と変容――駐留経費・低空飛行・被疑者をめぐる国会論議を中心に」本間浩ほか『各国間地位協定の適用に関する比較論考察』第一章、内外出版、二〇〇三年
佐々木卓也「クリントン政権と日米関係」『アメリカ研究シリーズ／Rikkyo American Studies』第一八巻（一九九六年三月）、四三～六〇頁
佐々木卓也編『戦後アメリカ外交史（第三版）』有斐閣、二〇一七年
佐道明広『沖縄現代政治史――「自立」をめぐる攻防』吉田書店、二〇一四年
宋永仙・申範澈「在韓駐留米軍の現在と未来――関連懸案を中心に」本間浩ほか『各国間地位協定の適用に関する比較論考察』第六章、内外出版、二〇〇三年
外岡秀俊・本田優・三浦俊章『日米同盟半世紀――安保と密約』朝日新聞社、二〇〇一年
丹下綾「日米地位協定の軍属補足協定――在日米軍属による事件・事故の防止に向けた取組」『立法と調査』第三九二号（二〇一七年九月）、五七～六四頁
東郷文彦『日米外交三十年――安保・沖縄とその後』中公文庫、一九八九年
中島琢磨『現代日本政治史三　高度成長と沖縄返還　一九六〇～一九七二』吉川弘文館、二〇一二年
中野聡『歴史経験としてのアメリカ帝国――米比関係史の群像』岩波書店、二〇〇七年
西村熊雄『サンフランシスコ平和条約・日米安保条約』中公文庫、一九九九年
野添文彬『沖縄返還後の日米安保――米軍基地をめぐる相克』吉川弘文館、二〇一六年
野添文彬「沖縄米軍基地と日米安保体制――沖縄返還から冷戦終結まで　一九七二～一九九五年――」『歴史科学』第二三三号（二〇一八年五月）、一八～二八頁
波多野澄雄『歴史としての日米安保条約――機密外交記録が明かす「密約」の虚実』岩波書店、二〇一〇年
林博史『米軍基地の歴史――世界ネットワークの形成と展開』吉川弘文館、二〇一二年
原彬久『戦後日本と国際政治――安保改定の政治力学』中央公論社、一九八八年
比屋定泰治「日米地位協定に関する法的問題点―沖国大米国ヘリ墜落事件に関して―」『沖縄法学』第三四号（二〇〇六年）、六七～七八頁
船橋洋一『同盟漂流（下）』岩波現代文庫、二〇〇六年
本間浩『在日米軍地位協定』日本評論社、一九九六年
本間浩「米軍のイタリア駐留に関する協定の構造と特色」本間浩ほか『各国間地位協定の適用に関する比較論考察』第四章、内外出版、二〇〇三年
本間浩「ドイツ駐留NATO軍地位補足協定に関する若

干の考察——在日米軍地位協定をめぐる諸問題を考えるための手がかりとして」『外国の立法』第二二一号（二〇〇四年八月）、一〜二〇頁
前田哲男『在日米軍基地の収支決算』ちくま新書、二〇〇〇年
前泊博盛編著『本当は憲法より大切な「日米地位協定入門」』創元社、二〇一三年
松浦一夫「ドイツにおける外国軍隊の駐留に関する法制——一九九三年NATO軍地位協定・補足協定改定とその適用の国内法との関係を中心にして」本間浩ほか『各国間地位協定の適用に関する比較論考察』第二章、内外出版、二〇〇三年
宮城大蔵・渡辺豪『普天間・辺野古　歪められた二〇年』集英社新書、二〇一六年
宮里政玄「行政協定の作成過程——米国公文書を中心に」『国際政治』第八五号（一九八七年五月）、一三三〜一五〇頁
宮澤喜一『東京―ワシントンの密談』中公文庫、一九九九年
森啓輔「米施政権下における北部訓練場の軍事的土地利用はいかになされたか」『沖縄文化研究』第四五号（二〇一八年三月）、三七三〜四二八頁
山本章子「一九五〇年代における海兵隊の沖縄移転」屋良朝博ほか『沖縄と海兵隊——駐留の歴史的展開』一章、旬報社、二〇一六年
山本章子『米国アウトサイダー大統領——世界を揺さぶる「異端」の政治家たち』朝日選書、二〇一七年
山本章子『米国と日米安保条約改定——沖縄・基地・同盟』吉田書店、二〇一七年
山本章子「米国の普天間移設の意図と失敗」『沖縄法政研究』第一九号（二〇一七年二月）、一〜二二頁
横山絢子「日米地位協定の環境補足協定——在日米軍に関連する環境管理のための取組」『立法と調査』第三七六号（二〇一六年四月）、七七〜八三頁
吉田真吾『日米同盟の制度化——発展と深化の歴史過程』名古屋大学出版会、二〇一二年
吉田真吾「歪な制度化：安保条約・行政協定交渉における日米同盟、一九五一―五二年」『近畿大学法学』第六五巻第二号（二〇一七年一二月）、一一九〜一七四頁
渡邊啓貴『アメリカとヨーロッパ——揺れる同盟の八〇年』中公新書、二〇一八年
琉球新報社・地位協定取材班『検証［地位協定］日米不平等の源流』高文研、二〇〇四年
琉球新報社編『日米地位協定の考え方——外務省機密文書【増補版】』高文研、二〇〇四年
Robert D. Eldridge and Ayako Kusunoki, "To Base or Not to Base? Yoshida Shigeru, the 1950 Ikeda Mission, and Post-Treaty Japanese Security Conceptions," *Kobe University Law Review*, 33 (1999), 97-126.

大田県政（1995年11月）	稲嶺県政（2000年８月）	翁長県政（2017年９月）

	日米地位協定
	必要とされる日本国内の施設及び区域を決定する協議機関として、任務を行なう。 2　合同委員会は、日本国政府の代表者一人及び合衆国政府の代表者一人で組織し、各代表者は、一人又は二人以上の代理及び職員団を有するものとする。合同委員会は、その手続規則を定め、並びに必要な補助機関及び事務機関を設ける。合同委員会は、日本国政府又は合衆国政府のいずれか一方の代表者の要請があるときはいつでも直ちに会合することができるように組織する。

大田県政（1995年11月）	稲嶺県政（2000年８月）	翁長県政（2017年９月）
		が証拠物件を捜索・差押え・検証し、日本側が現場の統制を主導
被害者への補償の明文化	被害者への補償の明文化	被害者への補償の明文化
・関係自治体の意見聴取 ・日米合同委員会の合意事項公表	日米合同委員会の合意事項公表	・関係自治体の意見聴取 ・日米合同委員会の合意事項公表

	日米地位協定
	の逮捕及び前諸項の規定に従って裁判権を行使すべき当局へのそれらの者の引渡しについて、相互に援助しなければならない。 （b） 日本国の当局は、合衆国の軍当局に対し、合衆国軍隊の構成員若しくは軍属又はそれらの家族の逮捕についてすみやかに通告しなければならない。 （c） 日本国が裁判権を行使すべき合衆国軍隊の構成員又は軍属たる被疑者の拘禁は、その者の身柄が合衆国の手中にあるときは、日本国により公訴が提起されるまでの間、合衆国が引き続き行なうものとする。 6（a） 日本国の当局及び合衆国の軍当局は、犯罪についてのすべての必要な捜査の実施並びに証拠の収集及び提出（犯罪に関連する物件の押収及び相当な場合にはその引渡しを含む。）について、相互に援助しなければならない。ただし、それらの物件の引渡しは、引渡しを行なう当局が定める期間内に還付されることを条件として行なうことができる。 （b） 日本国の当局及び合衆国の軍当局は、裁判権を行使する権利が競合するすべての事件の処理について、相互に通告しなければならない。
第一八条	6 日本国内における不法の作為又は不作為で公務執行中に行なわれたものでないものから生ずる合衆国軍隊の構成員又は被用者（日本国民である被用者又は通常日本国に居住する被用者を除く。）に対する請求権は、次の方法で処理する。 （a） 日本国の当局は、当該事件に関するすべての事情（損害を受けた者の行動を含む。）を考慮して、公平かつ公正に請求を審査し、及び請求人に対する補償金を査定し、並びにその事件に関する報告書を作成する。 （b） その報告書は、合衆国の当局に交付するものとし、合衆国の当局は、遅滞なく、慰謝料の支払を申し出るかどうかを決定し、かつ、申し出る場合には、その額を決定する。 （c） 慰謝料の支払の申出があった場合において、請求人がその請求を完全に満たすものとしてこれを受諾したときは、合衆国の当局は、みずから支払をしなければならず、かつ、その決定及び支払った額を日本国の当局に通知する。 （d） この項の規定は、支払が請求を完全に満たすものとして行なわれたものでない限り、合衆国軍隊の構成員又は被用者に対する訴えを受理する日本国の裁判所の裁判権に影響を及ぼすものではない。
第二五条	1 この協定の実施に関して相互間の協議を必要とするすべての事項に関する日本国政府と合衆国政府との間の協議機関として、合同委員会を設置する。合同委員会は、特に、合衆国が相互協力及び安全保障条約の目的の遂行に当たって使用するため

大田県政（1995年11月）	稲嶺県政（2000年８月）	翁長県政（2017年９月）
		掘調査の円滑な実現
・民間空港の使用禁止 ・行軍の禁止	・民間空港・港の使用を緊急時以外禁止 ・「移動」や「出入り」に演習を含めないことを明文化	・民間空港・港の使用を緊急時以外禁止 ・「移動」や「出入り」に演習を含めないことを明文化
那覇空港の進入管制業務の日本移管		
人・動植物の検疫や保健衛生に関する国内法適用	人・動植物の検疫や保健衛生に関する国内法適用	人・動植物の検疫や保健衛生に関する国内法適用
軍用車両の番号標の表示		
私有車両への民間車両と同じ税率での自動車税及び軽自動車税の課税	私有車両への民間車両と同じ税率での自動車税及び軽自動車税の課税	私有車両への民間車両と同じ税率での自動車税及び軽自動車税の課税
	施設内の物品販売・役務の日本人への提供を制限	施設内の物品販売・役務の日本人への提供を制限
被疑者の拘束	起訴前の被疑者の拘禁移転	施設・区域外での事件・事故では日本当局

	日米地位協定
	はそこに残される建物若しくはその他の工作物について、合衆国にいかなる補償をする義務も負わない。 3　前記の規定は、合衆国政府が日本国政府との特別取極に基づいて行なう建設には適用しない。
第五条	2　1に掲げる船舶及び航空機、合衆国政府所有の車両（機甲車両を含む。）並びに合衆国軍隊の構成員及び軍属並びにそれらの家族は、合衆国軍隊が使用している施設及び区域に出入し、これらのものの間を移動し、及びこれらのものと日本国の港又は飛行場との間を移動することができる。合衆国の軍用車両の施設及び区域への出入並びにこれらのものの間の移動には、道路使用料その他の課徴金を課さない。
第六条	1　すべての非軍用及び軍用の航空交通管理及び通信の体系は、緊密に協調して発達を図るものとし、かつ、集団安全保障の利益を達成するため必要な程度に整合するものとする。この協調及び整合を図るため必要な手続及びそれに対するその後の変更は、両政府の当局間の取極によって定める。
第九条	2　合衆国軍隊の構成員は、旅券及び査証に関する日本国の法令の適用から除外される。合衆国軍隊の構成員及び軍属並びにそれらの家族は、外国人の登録及び管理に関する日本国の法令の適用から除外される。ただし、日本国の領域における永久的な居所又は住所を要求する権利を取得するものとみなされない。
第一〇条	2　合衆国軍隊及び軍属用の公用車両は、それを容易に識別させる明確な番号標又は個別の記号を付けていなければならない。
第一三条	3　合衆国軍隊の構成員及び軍属並びにそれらの家族は、これらの者が一時的に日本国にあることのみに基づいて日本国に所在する有体又は無体の動産の保有、使用、これらの者相互間の移転又は死亡による移転についての日本国における租税を免除される。ただし、この免除は、投資若しくは事業を行なうため日本国において保有される財産又は日本国において登録された無体財産権には適用しない。この条の規定は、私有車両による道路の使用について納付すべき租税の免除を与える義務を定めるものではない。
第一五条	3　これらの諸機関が販売する物品は、日本国及び合衆国の当局が相互間で合意する条件に従って処分を認める場合を除くほか、これらの諸機関から購入することを認められない者に対して日本国内で処分してはならない。
第一七条	5（a）　日本国の当局及び合衆国の軍当局は、日本国の領域内における合衆国軍隊の構成員若しくは軍属又はそれらの家族

大田県政（1995年11月）	稲嶺県政（2000年８月）	翁長県政（2017年９月）
		・軍属の情報とその範囲の定期的な見直し結果の自治体への情報提供 ・基地内に逃げ込んだ非軍属の被疑者の拘束
施設・区域の返還	・地方自治体の要請を聴取・検討・尊重すると明記 ・個々の施設・区域に関する協定に使用範囲・目的・条件を明記	地方自治体との協議やその意思の尊重の明文化
・航空機騒音対策 ・環境保護 ・施設・区域への立入 ・事故原因の究明・報告 ・演習の規制・ペナルティー ・施設内ゴルフ場の日本人利用を制限	・自治体の施設・区域への立入 ・事件・事故に関する情報公開と通報手続きの詳細化 ・演習への航空法など国内法の適用 ・環境条項の新設	・返還日の三年以上前からの施設・区域内の環境調査 ・施設・区域内への国内環境法令の適用 ・環境補足協定における立入手続きの明確化
		・返還予定の施設・区域の環境汚染に対する日米両政府の原状回復と地方自治体への情報提供 ・環境調査や文化財発

沖縄県による日米地位協定見直し要請

	日米地位協定
第一条	この協定において、 （a）「合衆国軍隊の構成員」とは、日本国の領域にある間におけるアメリカ合衆国の陸軍、海軍又は空軍に属する人員で現に服役中のものをいう。 （b）「軍属」とは、合衆国の国籍を有する文民で日本国にある合衆国軍隊に雇用され、これに勤務し、又はこれに随伴するもの（通常日本国に居住する者及び第一四条1に掲げる者を除く。）をいう。この協定のみの適用上、合衆国及び日本国の二重国籍者で合衆国が日本国に入れたものは、合衆国国民とみなす。 （c）「家族」とは、次のものをいう。 （1）配偶者及び二一才未満の子 （2）父、母及び二一才以上の子で、その生計費の半額以上を合衆国軍隊の構成員又は軍属に依存するもの
第二条	2　日本国政府及び合衆国政府は、いずれか一方の要請があるときは、前記の取極を再検討しなければならず、また、前記の施設及び区域を日本国に返還すべきこと又は新たに施設及び区域を提供することを合意することができる。 3　合衆国軍隊が使用する施設及び区域は、この協定の目的のため必要でなくなったときは、いつでも、日本国に返還しなければならない。合衆国は、施設及び区域の必要性を前記の返還を目的としてたえず検討することに同意する。
第三条	1　合衆国は、施設及び区域内において、それらの設定、運営、警護及び管理のため必要なすべての措置を執ることができる。日本国政府は、施設及び区域の支持、警護及び管理のための合衆国軍隊の施設及び区域への出入の便を図るため、合衆国軍隊の要請があったときは、合同委員会を通ずる両政府間の協議の上で、それらの施設及び区域に隣接し又はそれらの近傍の土地、領水及び空間において、関係法令の範囲内で必要な措置を執るものとする。合衆国も、また、合同委員会を通ずる両政府間の協議の上で前記の目的のため必要な措置を執ることができる。
第四条	1　合衆国は、この協定の終了の際又はその前に日本国に施設及び区域を返還するに当たって、当該施設及び区域をそれらが合衆国軍隊に提供された時の状態に回復し、又はその回復の代りに日本国に補償する義務を負わない。 2　日本国は、この協定の終了の際又はその前における施設及び区域の返還の際、当該施設及び区域に加えられている改良又

憲章第五一条の規定に従って直ちに国際連合安全保障理事会に報告しなければならない。その措置は、安全保障理事会が国際の平和及び安全を回復し及び維持するために必要な措置を執ったときは、終止しなければならない。

第六条
日本国の安全に寄与し、並びに極東における国際の平和及び安全の維持に寄与するため、アメリカ合衆国は、その陸軍、空軍及び海軍が日本国において施設及び区域を使用することを許される。
前記の施設及び区域の使用並びに日本国における合衆国軍隊の地位は、一九五二年二月二八日に東京で署名された日本国とアメリカ合衆国との間の安全保障条約第三条に基く行政協定（改正を含む。）に代わる別個の協定及び合意される他の取極により規律される。

第七条
この条約は、国際連合憲章に基く締約国の権利及び義務又は国際の平和及び安全を維持する国際連合の責任に対しては、どのような影響も及ぼすものではなく、また、及ぼすものと解釈してはならない。

第八条
この条約は、日本国及びアメリカ合衆国により各自の憲法上の手続に従って批准されなければならない。この条約は、両国が東京で批准書を交換した日に効力を生ずる。

第九条
一九五一年九月八日にサン・フランシスコ市で署名された日本国とアメリカ合衆国との間の安全保障条約は、この条約の効力発生の時に効力を失う。

第一〇条
この条約は、日本区域における国際の平和及び安全の維持のため十分な定めをする国際連合の措置が効力を生じたと日本国政府及びアメリカ合衆国政府が認める時まで効力を有する。
もっとも、この条約が一〇年間効力を存続した後は、いずれの締約国も、他方の締約国に対しこの条約を終了させる意思を通告することができ、その場合には、この条約は、そのような通告が行なわれた後一年で終了する。

べての国民及びすべての政府とともに平和のうちに生きようとする願望を再確認し、両国が国際連合憲章に定める個別的又は集団的自衛の固有の権利を有していることを確認し、両国が極東における国際の平和及び安全の維持に共通の関心を有することを考慮し、相互協力及び安全保障条約を締結することを決意し、よって、次のとおり協定する。

第一条

締約国は、国際連合憲章に定めるところに従い、それぞれが関係することのある国際紛争を平和的手段によって国際の平和及び安全並びに正義を危うくしないように解決し、並びにそれぞれの国際関係において、武力による威嚇又は武力の行使を、いかなる国の領土保全又は政治的独立に対するものも、また、国際連合の目的と両立しない他のいかなる方法によるものも慎むことを約束する。

締約国は、他の平和愛好国と協同して、国際の平和及び安全を維持する国際連合の任務が一層効果的に遂行されるように国際連合を強化することに努力する。

第二条

締約国は、その自由な諸制度を強化することにより、これらの制度の基礎をなす原則の理解を促進することにより、並びに安定及び福祉の条件を助長することによって、平和的かつ友好的な国際関係の一層の発展に貢献する。締約国は、その国際経済政策におけるくい違いを除くことに努め、また、両国の間の経済的協力を促進する。

第三条

締約国は、個別的に及び相互に協力して、継続的かつ効果的な自助及び相互援助により、武力攻撃に抵抗するそれぞれの能力を、憲法上の規定に従うことを条件として、維持し発展させる。

第四条

締約国は、この条約の実施に関して随時協議し、また、日本国の安全又は極東における国際の平和及び安全に対する脅威が生じたときはいつでも、いずれか一方の締約国の要請により協議する。

第五条

各締約国は、日本国の施政の下にある領域における、いずれか一方に対する武力攻撃が自国の平和及び安全を危うくするものであることを認め、自国の憲法上の規定及び手続に従って共通の危険に対処するように行動することを宣言する。

前記の武力攻撃及びその結果として執ったすべての措置は、国際連合関及び事務機関を設ける。合同委員会は、日本国政府又は合衆国政府のいずれか一方の代表者の要請があるときはいつでも直ちに会合することができるように組織する。
3　合同委員会は、問題を解決することができないときは、適当な経路を通じて、その問題をそれぞれの政府にさらに考慮されるように移すものとする。

第二六条
1　この協定は、日本国及び合衆国によりそれぞれの国内法上の手続に従って承認されなければならず、その承認を通知する公文が交換されるものとする。
2　この協定は、1に定める手続が完了した後、相互協力及び安全保障条約の効力発生の日に効力を生じ、一九五二年二月二八日に東京で署名された日本国とアメリカ合衆国との間の安全保障条約第三条に基く行政協定（改正を含む。）は、その時に終了する。
3　この協定の各当事国の政府は、この協定の規定中その実施のため予算上及び立法上の措置を必要とするものについて、必要なその措置を立法機関に求めることを約束する。

第二七条
いずれの政府も、この協定のいずれの条についてもその改正をいつでも要請することができる。その場合には、両政府は、適当な経路を通じて交渉するものとする。

第二八条
この協定及びその合意された改正は、相互協力及び安全保障条約が有効である間、有効とする。ただし、それ以前に両政府間の合意によって終了させたときは、この限りでない。

◎日米安全保障条約（新）

（日本国とアメリカ合衆国との間の相互協力及び安全保障条約）一九六〇年一月一九日

日本国及びアメリカ合衆国は、両国の間に伝統的に存在する平和及び友好の関係を強化し、並びに民主主義の諸原則、個人の自由及び法の支配を擁護することを希望し、また、両国の間の一層緊密な経済的協力を促進し、並びにそれぞれの国における経済的安定及び福祉の条件を助長することを希望し、国際連合憲章の目的及び原則に対する信念並びにす

る合衆国軍事郵便局を、日本国にある合衆国軍事郵便局間及びこれらの軍事郵便局と他の合衆国郵便局との間における郵便物の送達のため、合衆国軍隊が使用している施設及び区域内に設置し、及び運営することができる。

第二二条
合衆国は、日本国に在留する適格の合衆国市民で合衆国軍隊の予備役団体への編入の申請を行なうものを同団体に編入し、及び訓練することができる。

第二三条
日本国及び合衆国は、合衆国軍隊、合衆国軍隊の構成員及び軍属並びにそれらの家族並びにこれらのものの財産の安全を確保するため随時に必要となるべき措置を執ることについて協力するものとする。日本国政府は、その領域において合衆国の設備、備品、財産、記録及び公務上の情報の十分な安全及び保護を確保するため、並びに適用されるべき日本国の法令に基づいて犯人を罰するため、必要な立法を求め、及び必要なその他の措置を執ることに同意する。

第二四条
1　日本国に合衆国軍隊を維持することに伴うすべての経費は、2に規定するところにより日本国が負担すべきものを除くほか、この協定の存続期間中日本国に負担をかけないで合衆国が負担することが合意される。
2　日本国は、第二条及び第三条に定めるすべての施設及び区域並びに路線権（飛行場及び港における施設及び区域のように共同に使用される施設及び区域を含む。）をこの協定の存続期間中合衆国に負担をかけないで提供し、かつ、相当の場合には、施設及び区域並びに路線権の所有者及び提供者に補償を行なうことが合意される。
3　この協定に基づいて生ずる資金上の取引に適用すべき経理のため、日本国政府と合衆国政府との間に取極を行なうことが合意される。

第二五条
1　この協定の実施に関して相互間の協議を必要とするすべての事項に関する日本国政府と合衆国政府との間の協議機関として、合同委員会を設置する。合同委員会は、特に、合衆国が相互協力及び安全保障条約の目的の遂行に当たって使用するため必要とされる日本国内の施設及び区域を決定する協議機関として、任務を行なう。
2　合同委員会は、日本国政府の代表者一人及び合衆国政府の代表者一人で組織し、各代表者は、一人又は二人以上の代理及び職員団を有するものとする。合同委員会は、その手続規則を定め、並びに必要な補助機約第三条に基く行政協定第一八条の規定によって処理する。

第一九条
1　合衆国軍隊の構成員及び軍属並びにそれらの家族は、日本国政府の外国為替管理に服さなければならない。
2　1の規定は、合衆国ドル若しくはドル証券で、合衆国の公金であるもの、合衆国軍隊の構成員及び軍属がこの協定に関連して勤務し、若しくは雇用された結果取得したもの又はこれらの者及びそれらの家族が日本国外の源泉から取得したものの日本国内又は日本国外への移転を妨げるものと解してはならない。
3　合衆国の当局は、2に定める特権の濫用又は日本国の外国為替管理の回避を防止するため適当な措置を執らなければならない。

第二〇条
1（a）ドルをもって表示される合衆国軍票は、合衆国によって認可された者が、合衆国軍隊の使用している施設及び区域内における相互間の取引のため使用することができる。合衆国政府は、合衆国の規則が許す場合を除くほか、認可された者が軍票を用いる取引に従事することを禁止するよう適当な措置を執るものとする。日本国政府は、認可されない者が軍票を用いる取引に従事することを禁止するため必要な措置を執るものとし、また、合衆国の当局の援助を得て、軍票の偽造又は偽造軍票の使用に関与する者で日本国の当局の裁判権に服すべきものを逮捕し、及び処罰するものとする。
（b）合衆国の当局が、認可されない者に対し軍票を行使する合衆国軍隊の構成員及び軍属並びにそれらの家族を逮捕し、及び処罰すること並びに、日本国における軍票の許されない使用の結果として、合衆国又はその機関が、その認可されない者又は日本国政府若しくはその機関に対していかなる義務をも負うことはないことが合意される。
2　軍票の管理を行なうため、合衆国は、その監督の下に、合衆国が軍票の使用を認可した者の用に供する施設を維持し、及び運営する一定のアメリカの金融機関を指定することができる。軍用銀行施設を維持することを認められた金融機関は、その施設を当該機関の日本国における商業金融業務から場所的に分離して設置し、及び維持するものとし、これに、この施設を維持し、かつ、運営することを唯一の任務とする職員を置く。この施設は、合衆国通貨による銀行勘定を維持し、かつ、この勘定に関するすべての金融取引（第一九条2に定める範囲内における資金の受領及び送付を含む。）を行なうことを許される。

第二一条
　合衆国は、合衆国軍隊の構成員及び軍属並びにそれらの家族が利用す

求人に対する補償金を査定し、並びにその事件に関する報告書を作成する。
（b）その報告書は、合衆国の当局に交付するものとし、合衆国の当局は、遅滞なく、慰謝料の支払を申し出るかどうかを決定し、かつ、申し出る場合には、その額を決定する。
（c）慰謝料の支払の申出があった場合において、請求人がその請求を完全に満たすものとしてこれを受諾したときは、合衆国の当局は、みずから支払をしなければならず、かつ、その決定及び支払った額を日本国の当局に通知する。
（d）この項の規定は、支払が請求を完全に満たすものとして行なわれたものでない限り、合衆国軍隊の構成員又は被用者に対する訴えを受理する日本国の裁判所の裁判権に影響を及ぼすものではない。
7　合衆国軍隊の車両の許容されていない使用から生ずる請求権は、合衆国軍隊が法律上責任を有する場合を除くほか、6の規定に従って処理する。
8　合衆国軍隊の構成員又は被用者の不法の作為又は不作為が公務執行中にされたものであるかどうか、また、合衆国軍隊の車両の使用が許容されていたものであるかどうかについて紛争が生じたときは、その問題は、2（b）の規定に従って選任された仲裁人に付託するものとし、この点に関する仲裁人の裁定は、最終的のものとする。
9（a）合衆国は、日本国の裁判所の民事裁判権に関しては、5（f）に定める範囲を除くほか、合衆国軍隊の構成員又は被用者に対する日本国の裁判所の裁判権からの免除を請求してはならない。
（b）合衆国軍隊が使用している施設及び区域内に日本国の法律に基づき強制執行を行なうべき私有の動産（合衆国軍隊が使用している動産を除く。）があるときは、合衆国の当局は、日本国の裁判所の要請に基づき、その財産を差し押えて日本国の当局に引き渡さなければならない。
（c）日本国及び合衆国の当局は、この条の規定に基づく請求の公平な審理及び処理のための証拠の入手について協力するものとする。
10　合衆国軍隊による又は合衆国軍隊のための資材、需品、備品、役務及び労務の調達に関する契約から生ずる紛争でその契約の当事者によって解決されないものは、調停のため合同委員会に付託することができる。ただし、この項の規定は、契約の当事者が有することのある民事の訴えを提起する権利を害するものではない。
11　この条にいう「防衛隊」とは、日本国についてはその自衛隊をいい、合衆国についてはその軍隊をいうものと了解される。
12　2及び5の規定は、非戦闘行為に伴って生じた請求権についてのみ適用する。
13　この条の規定は、この協定の効力発生前に生じた請求権には適用しない。それらの請求権は、日本国とアメリカ合衆国との間の安全保障条の法令に従って、提起し、審査し、かつ、解決し、又は裁判する。
（b）日本国は、前記のいかなる請求をも解決することができるものとし、合意され、又は裁判により決定された額の支払を日本円で行なう。
（c）前記の支払（合意による解決に従ってされたものであると日本国の権限のある裁判所による裁判に従ってされたものであるとを問わない。）又は支払を認めない旨の日本国の権限のある裁判所による確定した裁判は、両当事国に対し拘束力を有する最終的のものとする。
（d）日本国が支払をした各請求は、その明細並びに（e）(i) 及び(ii) の規定による分担案とともに、合衆国の当局に通知しなければならない。二箇月以内に回答がなかったときは、その分担案は、受諾されたものとみなす。
（e）（a）から（d）まで及び2の規定に従い請求を満たすために要した費用は、両当事国が次のとおり分担する。
(i) 合衆国のみが責任を有する場合には、裁定され、合意され、又は裁判により決定された額は、その二五パーセントを日本国が、その七五パーセントを合衆国が分担する。
(ii) 日本国及び合衆国が損害について責任を有する場合には、裁定され、合意され、又は裁判により決定された額は、両当事国が均等に分担する。損害が日本国又は合衆国の防衛隊によって生じ、かつ、その損害をこれらの防衛隊のいずれか一方又は双方の責任として特定することができない場合には、裁定され、合意され、又は裁判により決定された額は、日本国及び合衆国が均等に分担する。
(iii) 比率に基づく分担案が受諾された各事件について日本国が六箇月の期間内に支払った額の明細書は、支払要請書とともに、六箇月ごとに合衆国の当局に送付する。その支払は、できる限りすみやかに日本円で行なわなければならない。
（f）合衆国軍隊の構成員又は被用者（日本の国籍のみを有する被用者を除く。）は、その公務の執行から生ずる事項については、日本国においてその者に対して与えられた判決の執行手続に服さない。
（g）この項の規定は、（e）の規定が2に定める請求権に適用される範囲を除くほか、船舶の航行若しくは運用又は貨物の船積み、運送若しくは陸揚げから生じ、又はそれらに関連して生ずる請求権には適用しない。ただし、4の規定の適用を受けない死亡又は負傷に対する請求権については、この限りでない。
6　日本国内における不法の作為又は不作為で公務執行中に行なわれたものでないものから生ずる合衆国軍隊の構成員又は被用者（日本国民である被用者又は通常日本国に居住する被用者を除く。）に対する請求権は、次の方法で処理する。
（a）日本国の当局は、当該事件に関するすべての事情（損害を受けた者の行動を含む。）を考慮して、公平かつ公正に請求を審査し、及び請

（a）損害が他方の当事国の防衛隊の構成員又は被用者によりその者の公務の執行中に生じた場合
（b）損害が他方の当事国が所有する車両、船舶又は航空機でその防衛隊が使用するものの使用から生じた場合。ただし、損害を与えた車両、船舶若しくは航空機が公用のため使用されていたとき、又は損害が公用のため使用されている財産に生じたときに限る。

海難救助についての一方の当事国の他方の当事国に対する請求権は、放棄する。ただし、救助された船舶又は積荷が、一方の当事国が所有し、かつ、その防衛隊が公用のため使用しているものであった場合に限る。

2（a）いずれか一方の当事国が所有するその他の財産で日本国内にあるものに対して1に掲げるようにして損害が生じた場合には、両政府が別段の合意をしない限り、（b）の規定に従って選定される一人の仲裁人が、他方の当事国の責任の問題を決定し、及び損害の額を査定する。仲裁人は、また、同一の事件から生ずる反対の請求を裁定する。
（b）（a）に掲げる仲裁人は、両政府間の合意によって、司法関係の上級の地位を現に有し、又は有したことがある日本国民の中から選定する。
（c）仲裁人が行なった裁定は、両当事国に対して拘束力を有する最終的のものとする。
（d）仲裁人が裁定した賠償の額は、5（e）(i)、(ii) 及び (iii) の規定に従って分担される。
（e）仲裁人の報酬は、両政府間の合意によって定め、両政府が、仲裁人の任務の遂行に伴う必要な費用とともに、均等の割合で支払う。
（f）もっとも、各当事国は、いかなる場合においても一四〇〇合衆国ドル又は五〇万四〇〇〇円までの額については、その請求権を放棄する。これらの通貨の間の為替相場に著しい変動があった場合には、両政府は、前記の額の適当な調整について合意するものとする。

3　1及び2の規定の適用上、船舶について「当事国が所有する」というときは、その当事国が裸用船した船舶、裸の条件で徴発した船舶又は拿捕した船舶を含む。ただし、損失の危険又は責任が当該当事国以外の者によって負担される範囲については、この限りでない。

4　各当事国は、自国の防衛隊の構成員がその公務の執行に従事している間に被った負傷又は死亡については、他方の当事国に対するすべての請求権を放棄する。

5　公務執行中の合衆国軍隊の構成員若しくは被用者の作為若しくは不作為又は合衆国軍隊が法律上責任を有するその他の作為、不作為若しくは事故で、日本国において日本国政府以外の第三者に損害を与えたものから生ずる請求権（契約による請求権及び6又は7の規定の適用を受ける請求権を除く。）は、日本国が次の規定に従って処理する。
（a）請求は、日本国の自衛隊の行動から生ずる請求権に関する日本国は、合衆国の軍当局が合衆国軍隊の構成員を、その者が日本国の当局により裁判を受けた犯罪を構成した作為又は不作為から生ずる軍紀違反について、裁判することを妨げるものではない。
9　合衆国軍隊の構成員若しくは軍属又はそれらの家族は、日本国の裁判権に基づいて公訴を提起された場合には、いつでも、次の権利を有する。
（a）遅滞なく迅速な裁判を受ける権利
（b）公判前に自己に対する具体的な訴因の通知を受ける権利
（c）自己に不利な証人と対決する権利
（d）証人が日本国の管轄内にあるときは、自己のために強制的手続により証人を求める権利
（e）自己の弁護のため自己の選択する弁護人をもつ権利又は日本国でその当時通常行なわれている条件に基づき費用を要しないで若しくは費用の補助を受けて弁護人をもつ権利
（f）必要と認めたときは、有能な通訳を用いる権利
（g）合衆国の政府の代表者と連絡する権利及び自己の裁判にその代表者を立ち会わせる権利
10（a）合衆国軍隊の正規に編成された部隊又は編成隊は、第二条の規定に基づき使用する施設及び区域において警察権を行なう権利を有する。合衆国軍隊の軍事警察は、それらの施設及び区域において、秩序及び安全の維持を確保するためすべての適当な措置を執ることができる。
（b）前記の施設及び区域の外部においては、前記の軍事警察は、必ず日本国の当局との取極に従うことを条件とし、かつ、日本国の当局と連絡して使用されるものとし、その使用は、合衆国軍隊の構成員の間の規律及び秩序の維持のため必要な範囲内に限るものとする。
11　相互協力及び安全保障条約第五条の規定が適用される敵対行為が生じた場合には、日本国政府及び合衆国政府のいずれの一方も、他方の政府に対し六〇日前に予告を与えることによって、この条のいずれの規定の適用も停止させる権利を有する。この権利が行使されたときは、日本国政府及び合衆国政府は、適用を停止される規定に代わるべき適当な規定を合意する目的をもって直ちに協議しなければならない。
12　この条の規定は、この協定の効力発生前に犯したいかなる罪にも適用しない。それらの事件に対しては、日本国とアメリカ合衆国との間の安全保障条約第三条に基く行政協定第一七条の当該時に存在した規定を適用する。

第一八条
1　各当事国は、自国が所有し、かつ、自国の陸上、海上又は航空の防衛隊が使用する財産に対する損害については、次の場合には、他方の当事国に対するすべての請求権を放棄する。

くは軍属の家族の身体若しくは財産のみに対する罪
(ii) 公務執行中の作為又は不作為から生ずる罪
（b）その他の罪については、日本国の当局が、裁判権を行使する第一次の権利を有する。
（c）第一次の権利を有する国は、裁判権を行使しないことに決定したときは、できる限りすみやかに他方の国の当局にその旨を通告しなければならない。第一次の権利を有する国の当局は、他方の国がその権利の放棄を特に重要であると認めた場合において、その他方の国の当局から要請があったときは、その要請に好意的考慮を払わなければならない。
4　前諸項の規定は、合衆国の軍当局が日本国民又は日本国に通常居住する者に対し裁判権を行使する権利を有することを意味するものではない。ただし、それらの者が合衆国軍隊の構成員であるときは、この限りでない。
5（a）日本国の当局及び合衆国の軍当局は、日本国の領域内における合衆国軍隊の構成員若しくは軍属又はそれらの家族の逮捕及び前諸項の規定に従って裁判権を行使すべき当局へのそれらの者の引渡しについて、相互に援助しなければならない。
（b）日本国の当局は、合衆国の軍当局に対し、合衆国軍隊の構成員若しくは軍属又はそれらの家族の逮捕についてすみやかに通告しなければならない。
（c）日本国が裁判権を行使すべき合衆国軍隊の構成員又は軍属たる被疑者の拘禁は、その者の身柄が合衆国の手中にあるときは、日本国により公訴が提起されるまでの間、合衆国が引き続き行なうものとする。
6（a）日本国の当局及び合衆国の軍当局は、犯罪についてのすべての必要な捜査の実施並びに証拠の収集及び提出（犯罪に関連する物件の押収及び相当な場合にはその引渡しを含む。）について、相互に援助しなければならない。ただし、それらの物件の引渡しは、引渡しを行なう当局が定める期間内に還付されることを条件として行なうことができる。
（b）日本国の当局及び合衆国の軍当局は、裁判権を行使する権利が競合するすべての事件の処理について、相互に通告しなければならない。
7（a）死刑の判決は、日本国の法制が同様の場合に死刑を規定していない場合には、合衆国の軍当局が日本国内で執行してはならない。
（b）日本国の当局は、合衆国の軍当局がこの条の規定に基づいて日本国の領域内で言い渡した自由刑の執行について合衆国の軍当局から援助の要請があったときは、その要請に好意的考慮を払わなければならない。
8　被告人がこの条の規定に従って日本国の当局又は合衆国の軍当局のいずれかにより裁判を受けた場合において、無罪の判決を受けたとき、又は有罪の判決を受けて服役しているとき、服役したとき、若しくは赦免されたときは、他方の国の当局は、日本国の領域内において同一の犯罪について重ねてその者を裁判してはならない。ただし、この項の規定場合を除くほか、日本の租税を課さず、これらの諸機関による商品及び需品の日本国内における購入には、日本の租税を課する。
3　これらの諸機関が販売する物品は、日本国及び合衆国の当局が相互間で合意する条件に従って処分を認める場合を除くほか、これらの諸機関から購入することを認められない者に対して日本国内で処分してはならない。
4　この条に掲げる諸機関は、日本国の当局に対し、日本国の税法が要求するところにより資料を提供するものとする。

第一六条
日本国において、日本国の法令を尊重し、及びこの協定の精神に反する活動、特に政治的活動を慎むことは、合衆国軍隊の構成員及び軍属並びにそれらの家族の義務である。

第一七条
1　この条の規定に従うことを条件として、
（a）合衆国の軍当局は、合衆国の軍法に服するすべての者に対し、合衆国の法令により与えられたすべての刑事及び懲戒の裁判権を日本国において行使する権利を有する。
（b）日本国の当局は、合衆国軍隊の構成員及び軍属並びにそれらの家族に対し、日本国の領域内で犯す罪で日本国の法令によって罰することができるものについて、裁判権を有する。
2（a）合衆国の軍当局は、合衆国の軍法に服する者に対し、合衆国の法令によって罰することができる罪で日本国の法令によっては罰することができないもの（合衆国の安全に関する罪を含む。）について、専属的裁判権を行使する権利を有する。
（b）日本国の当局は、合衆国軍隊の構成員及び軍属並びにそれらの家族に対し、日本国の法令によって罰することができる罪で合衆国の法令によっては罰することができないもの（日本国の安全に関する罪を含む。）について、専属的裁判権を行使する権利を有する。
（c）2及び3の規定の適用上、国の安全に関する罪は、次のものを含む。
(i) 当該国に対する反逆
(ii) 妨害行為（サボタージュ）、諜報行為又は当該国の公務上若しくは国防上の秘密に関する法令の違反
3　裁判権を行使する権利が競合する場合には、次の規定が適用される。
（a）合衆国の軍当局は、次の罪については、合衆国軍隊の構成員又は軍属に対して裁判権を行使する第一次の権利を有する。
(i) もっぱら合衆国の財産若しくは安全のみに対する罪又はもっぱら合衆国軍隊の他の構成員若しくは軍属若しくは合衆国軍隊の構成員若し

の公課を課されない。
6　前記の人及びその被用者は、合衆国軍隊の権限のある官憲の証明があるときは、これらの者が一時的に日本国にあることのみに基づいて日本国に所在する有体又は無体の動産の保有、使用、死亡による移転又はこの協定に基づいて租税の免除を受ける権利を有する人若しくは機関への移転についての日本国における租税を免除される。ただし、この免除は、投資のため若しくは他の事業を行なうため日本国において保有される財産又は日本国において登録された無体財産権には適用しない。この条の規定は、私有車両による道路の使用について納付すべき租税の免除を与える義務を定めるものではない。
7　1に掲げる人及びその被用者は、この協定に定めるいずれかの施設又は区域の建設、維持又は運営に関して合衆国政府と合衆国において結んだ契約に基づいて発生する所得について、日本国政府又は日本国にあるその他の課税権者に所得税又は法人税を納付する義務を負わない。この項の規定は、これらの者に対し、日本国の源泉から生ずる所得についての所得税又は法人税の納付を免除するものではなく、また、合衆国の所得税のために日本国に居所を有することを申し立てる前記の人及びその被用者に対し、所得についての日本の租税の納付を免除するものではない。これらの者が合衆国政府との契約の履行に関してのみ日本国にある期間は、前記の租税の賦課上、日本国に居所又は住所を有する期間とは認めない。
8　日本国の当局は、1に掲げる人及びその被用者に対し、日本国において犯す罪で日本国の法令によって罰することができるものについて裁判権を行使する第一次の権利を有する。日本国の当局が前記の裁判権を行使しないことに決定した場合には、日本国の当局は、できる限りすみやかに合衆国の軍当局にその旨を通告しなければならない。この通告があったときは、合衆国の軍当局は、これらの者に対し、合衆国の法令により与えられた裁判権を行使する権利を有する。

第一五条
1（a）合衆国の軍当局が公認し、かつ、規制する海軍販売所、ピー・エックス、食堂、社交クラブ、劇場、新聞その他の歳出外資金による諸機関は、合衆国軍隊の構成員及び軍属並びにそれらの家族の利用に供するため、合衆国軍隊が使用している施設及び区域内に設置することができる。これらの諸機関は、この協定に別段の定めがある場合を除くほか、日本の規制、免許、手数料、租税又は類似の管理に服さない。
（b）合衆国の軍当局が公認し、かつ、規制する新聞が一般の公衆に販売されるときは、当該新聞は、その頒布に関する限り、日本の規制、免許、手数料、租税又は類似の管理に服する。
2　これらの諸機関による商品及び役務の販売には、1（b）に定める

おいて登録された無体財産権には適用しない。この条の規定は、私有車両による道路の使用について納付すべき租税の免除を与える義務を定めるものではない。

第一四条
1　通常合衆国に居住する人（合衆国の法律に基づいて組織された法人を含む。）及びその被用者で、合衆国軍隊のための合衆国との契約の履行のみを目的として日本国にあり、かつ、合衆国政府が2の規定に従い指定するものは、この条に規定がある場合を除くほか、日本国の法令に服さなければならない。
2　1にいう指定は、日本国政府との協議の上で行なわれるものとし、かつ、安全上の考慮、関係業者の技術上の適格要件、合衆国の標準に合致する資材若しくは役務の欠如又は合衆国の法令上の制限のため競争入札を実施することができない場合に限り行なわれるものとする。
前記の指定は、次のいずれかの場合には、合衆国政府が取り消すものとする。
（a）合衆国軍隊のための合衆国との契約の履行が終わったとき。
（b）それらの者が日本国において合衆国軍隊関係の事業活動以外の事業活動に従事していることが立証されたとき。
（c）それらの者が日本国で違法とされる活動を行なっているとき。
3　前記の人及びその被用者は、その身分に関する合衆国の当局の証明があるときは、この協定による次の利益を与えられる。
（a）第五条2に定める出入及び移動の権利
（b）第九条の規定による日本国への入国
（c）合衆国軍隊の構成員及び軍属並びにそれらの家族について第一一条3に定める関税その他の課徴金の免除
（d）合衆国政府により認められたときは、第一五条に定める諸機関の役務を利用する権利
（e）合衆国軍隊の構成員及び軍属並びにそれらの家族について第一九条2に定めるもの
（f）合衆国政府により認められたときは、第二〇条に定めるところにより軍票を使用する権利
（g）第二一条に定める郵便施設の利用
（h）雇用の条件に関する日本国の法令の適用からの除外
4　前記の人及びその被用者は、その身分の者であることが旅券に記載されていなければならず、その到着、出発及び日本国にある間の居所は、合衆国軍隊が日本国の当局に随時に通告しなければならない。
5　前記の人及びその被用者が1に掲げる契約の履行のためにのみ保有し、使用し、又は移転する減価償却資産（家屋を除く。）については、合衆国軍隊の権限のある官憲の証明があるときは、日本の租税又は類似

は労働委員会の決定について通報を受けた後七日以内に、その旨を日本国政府に通告しなければならず、暫定的にその労働者を就労させないことができる。
（c）前記の通告が行なわれたときは、日本国政府及び合衆国軍隊又は前記の機関は、事件の実際的な解決方法を見出すため遅滞なく協議しなければならない。
（d）（c）の規定に基づく協議の開始の日から三〇日の期間内にそのような解決に到達しなかったときは、当該労働者は、就労することができない。このような場合には、合衆国政府は、日本国政府に対し、両政府間で合意される期間の当該労働者の雇用の費用に等しい額を支払わなければならない。
7　軍属は、雇用の条件に関して日本国の法令に服さない。
8　合衆国軍隊の構成員及び軍属並びにそれらの家族は、日本国における物品及び役務の個人的購入について日本国の法令に基づいて課される租税又は類似の公課の免除をこの条の規定を理由として享有することはない。
9　３に掲げる租税の免除を受けて日本国で購入した物は、日本国及び合衆国の当局が相互間で合意する条件に従って処分を認める場合を除くほか、当該租税の免除を受けて当該物を購入する権利を有しない者に対して日本国内で処分してはならない。

第一三条
1　合衆国軍隊は、合衆国軍隊が日本国において保有し、使用し、又は移転する財産について租税又は類似の公課を課されない。
2　合衆国軍隊の構成員及び軍属並びにそれらの家族は、これらの者が合衆国軍隊に勤務し、又は合衆国軍隊若しくは第一五条に定める諸機関に雇用された結果受ける所得について、日本国政府又は日本国にあるその他の課税権者に日本の租税を納付する義務を負わない。この条の規定は、これらの者に対し、日本国の源泉から生ずる所得についての日本の租税の納付を免除するものではなく、また、合衆国の所得税のために日本国に居所を有することを申し立てる合衆国市民に対し、所得についての日本の租税の納付を免除するものではない。これらの者が合衆国軍隊の構成員若しくは軍属又はそれらの家族であるという理由のみによって日本国にある期間は、日本の租税の賦課上、日本国に居所又は住所を有する期間とは認めない。
3　合衆国軍隊の構成員及び軍属並びにそれらの家族は、これらの者が一時的に日本国にあることのみに基づいて日本国に所在する有体又は無体の動産の保有、使用、これらの者相互間の移転又は死亡による移転についての日本国における租税を免除される。ただし、この免除は、投資若しくは事業を行なうため日本国において保有される財産又は日本国に

1　合衆国は、この協定の目的のため又はこの協定で認められるところにより日本国で供給されるべき需品又は行なわれるべき工事のため、供給者又は工事を行なう者の選択に関して制限を受けないで契約することができる。そのような需品又は工事は、また、両政府の当局間で合意されるときは、日本国政府を通じて調達することができる。
2　現地で供給される合衆国軍隊の維持のため必要な資材、需品、備品及び役務でその調達が日本国の経済に不利な影響を及ぼすおそれがあるものは、日本国の権限のある当局との調整の下に、また、望ましいときは日本国の権限のある当局を通じて又はその援助を得て、調達しなければならない。
3　合衆国軍隊又は合衆国軍隊の公認調達機関が適当な証明書を附して日本国で公用のため調達する資材、需品、備品及び役務は、日本の次の租税を免除される。
（ａ）物品税
（ｂ）通行税
（ｃ）揮発油税
（ｄ）電気ガス税
　最終的には合衆国軍隊が使用するため調達される資材、需品、備品及び役務は、合衆国軍隊の適当な証明書があれば、物品税及び揮発油税を免除される。両政府は、この条に明示していない日本の現在の又は将来の租税で、合衆国軍隊によって調達され、又は最終的には合衆国軍隊が使用するため調達される資材、需品、備品及び役務の購入価格の重要なかつ容易に判別することができる部分をなすと認められるものに関しては、この条の目的に合致する免税又は税の軽減を認めるための手続について合意するものとする。
4　現地の労務に対する合衆国軍隊及び第一五条に定める諸機関の需要は、日本国の当局の援助を得て充足される。
5　所得税、地方住民税及び社会保障のための納付金を源泉徴収して納付するための義務並びに、相互間で別段の合意をする場合を除くほか、賃金及び諸手当に関する条件その他の雇用及び労働の条件、労働者の保護のための条件並びに労働関係に関する労働者の権利は、日本国の法令で定めるところによらなければならない。
6　合衆国軍隊又は、適当な場合には、第一五条に定める機関により労働者が解職され、かつ、雇用契約が終了していない旨の日本国の裁判所又は労働委員会の決定が最終的のものとなった場合には、次の手続が適用される。
（ａ）日本国政府は、合衆国軍隊又は前記の機関に対し、裁判所又は労働委員会の決定を通報する。

（ｂ）合衆国軍隊又は前記の機関が当該労働者を就労させることを希望しないときは、合衆国軍隊又は前記の機関は、日本国政府から裁判所又

ための身回品
（b）合衆国軍隊の構成員又は軍属が自己又はその家族の私用のため輸入する車両及び部品
（c）合衆国軍隊の構成員及び軍属並びにそれらの家族の私用のため合衆国において通常日常用として購入される種類の合理的な数量の衣類及び家庭用品で、合衆国軍事郵便局を通じて日本国に輸送されるもの
4　2及び3で与える免除は、物の輸入の場合のみに適用するものとし、関税及び内国消費税がすでに徴収された物を購入する場合に、当該物の輸入の際税関当局が徴収したその関税及び内国消費税を払いもどすものと解してはならない。
5　税関検査は、次のものの場合には行なわないものとする。
（a）命令により日本国に入国し、又は日本国から出国する合衆国軍隊の部隊
（b）公用の封印がある公文書及び合衆国軍事郵便路線上にある公用郵便物
（c）合衆国政府の船荷証券により船積みされる軍事貨物
6　関税の免除を受けて日本国に輸入された物は、日本国及び合衆国の当局が相互間で合意する条件に従って処分を認める場合を除くほか、関税の免除を受けて当該物を輸入する権利を有しない者に対して日本国内で処分してはならない。
7　2及び3の規定に基づき関税その他の課徴金の免除を受けて日本国に輸入された物は、関税その他の課徴金の免除を受けて再輸出することができる。
8　合衆国軍隊は、日本国の当局と協力して、この条の規定に従って合衆国軍隊、合衆国軍隊の構成員及び軍属並びにそれらの家族に与えられる特権の濫用を防止するため必要な措置を執らなければならない。
9（a）日本国の当局及び合衆国軍隊は、日本国政府の税関当局が執行する法令に違反する行為を防止するため、調査の実施及び証拠の収集について相互に援助しなければならない。
（b）合衆国軍隊は、日本国政府の税関当局によって又はこれに代わって行なわれる差押えを受けるべき物件がその税関当局に引き渡されることを確保するため、可能なすべての援助を与えなければならない。
（c）合衆国軍隊は、合衆国軍隊の構成員若しくは軍属又はそれらの家族が納付すべき関税、租税及び罰金の納付を確保するため、可能なすべての援助を与えなければならない。
（d）合衆国軍隊に属する車両及び物件で、日本国政府の関税又は財務に関する法令に違反する行為に関連して日本国政府の税関当局が差し押えたものは、関係部隊の当局に引き渡さなければならない。

第一二条

くは合衆国軍隊の構成員、軍属、旧構成員若しくは旧軍属の家族に対し退去命令を出したときは、合衆国の当局は、それらの者を自国の領域内に受け入れ、その他日本国外に送出することにつき責任を負う。この項の規定は、日本国民でない者で合衆国軍隊の構成員若しくは軍属として又は合衆国軍隊の構成員若しくは軍属となるために日本国に入国したもの及びそれらの者の家族に対してのみ適用する。

第一〇条
1　日本国は、合衆国が合衆国軍隊の構成員及び軍属並びにそれらの家族に対して発給した運転許可証若しくは運転免許証又は軍の運転許可証を、運転者試験又は手数料を課さないで、有効なものとして承認する。
2　合衆国軍隊及び軍属用の公用車両は、それを容易に識別させる明確な番号標又は個別の記号を付けていなければならない。
3　合衆国軍隊の構成員及び軍属並びにそれらの家族の私有車両は、日本国民に適用される条件と同一の条件で取得する日本国の登録番号標を付けていなければならない。

第一一条
1　合衆国軍隊の構成員及び軍属並びにそれらの家族は、この協定中に規定がある場合を除くほか、日本国の税関当局が執行する法令に服さなければならない。
2　合衆国軍隊、合衆国軍隊の公認調達機関又は第一五条に定める諸機関が合衆国軍隊の公用のため又は合衆国軍隊の構成員及び軍属並びにそれらの家族の使用のため輸入するすべての資材、需品及び備品並びに合衆国軍隊が専用すべき資材、需品及び備品又は合衆国軍隊が使用する物品若しくは施設に最終的には合体されるべき資材、需品及び備品は、日本国に入れることを許される。この輸入には、関税その他の課徴金を課さない。前記の資材、需品及び備品は、合衆国軍隊、合衆国軍隊の公認調達機関又は第一五条に定める諸機関が輸入するものである旨の適当な証明書（合衆国軍隊が専用すべき資材、需品及び備品又は合衆国軍隊が使用する物品若しくは施設に最終的には合体されるべき資材、需品及び備品にあっては、合衆国軍隊が前記の目的のために受領すべき旨の適当な証明書）を必要とする。
3　合衆国軍隊の構成員及び軍属並びにそれらの家族に仕向けられ、かつ、これらの者の私用に供される財産には、関税その他の課徴金を課する。ただし、次のものについては、関税その他の課徴金を課さない。
（a）合衆国軍隊の構成員若しくは軍属が日本国で勤務するため最初に到着した時に輸入し、又はそれらの家族が当該合衆国軍隊の構成員若しくは軍属と同居するため最初に到着した時に輸入するこれらの者の私用のための家具及び家庭用品並びにこれらの者が入国の際持ち込む私用の

◎日米地位協定

第八条
日本国政府は、両政府の当局間の取極に従い、次の気象業務を合衆国軍隊に提供することを約束する。
（a）地上及び海上からの気象観測（気象観測船からの観測を含む。）
（b）気象資料（気象庁の定期的概報及び過去の資料を含む。）
（c）航空機の安全かつ正確な運航のため必要な気象情報を報ずる電気通信業務
（d）地震観測の資料（地震から生ずる津波の予想される程度及びその津波の影響を受ける区域の予報を含む。）

第九条
1　この条の規定に従うことを条件として、合衆国は、合衆国軍隊の構成員及び軍属並びにそれらの家族である者を日本国に入れることができる。
2　合衆国軍隊の構成員は、旅券及び査証に関する日本国の法令の適用から除外される。合衆国軍隊の構成員及び軍属並びにそれらの家族は、外国人の登録及び管理に関する日本国の法令の適用から除外される。ただし、日本国の領域における永久的な居所又は住所を要求する権利を取得するものとみなされない。
3　合衆国軍隊の構成員は、日本国への入国又は日本国からの出国に当たって、次の文書を携帯しなければならない。
（a）氏名、生年月日、階級及び番号、軍の区分並びに写真を掲げる身分証明書
（b）その個人又は集団が合衆国軍隊の構成員として有する地位及び命令された旅行の証明となる個別的又は集団的旅行の命令書
合衆国軍隊の構成員は、日本国にある間の身分証明のため、前記の身分証明書を携帯していなければならない。身分証明書は、要請があるときは日本国の当局に提示しなければならない。
4　軍属、その家族及び合衆国軍隊の構成員の家族は、合衆国の当局が発給した適当な文書を携帯し、日本国への入国若しくは日本国からの出国に当たって又は日本国にある間その身分を日本国の当局が確認することができるようにしなければならない。
5　1の規定に基づいて日本国に入国した者の身分に変更があってその者がそのような入国の資格を有しなくなった場合には、合衆国の当局は、日本国の当局にその旨を通告するものとし、また、その者が日本国から退去することを日本国の当局によって要求されたときは、日本国政府の負担によらないで相当の期間内に日本国から輸送することを確保しなければならない。
6　日本国政府が合衆国軍隊の構成員若しくは軍属の日本国の領域からの送出を要請し、又は合衆国軍隊の旧構成員若しくは旧軍属に対し若し

3　前記の規定は、合衆国政府が日本国政府との特別取極に基づいて行なう建設には適用しない。

第五条
1　合衆国及び合衆国以外の国の船舶及び航空機で、合衆国によって、合衆国のために又は合衆国の管理の下に公の目的で運航されるものは、入港料又は着陸料を課されないで日本国の港又は飛行場に出入することができる。この協定による免除を与えられない貨物又は旅客がそれらの船舶又は航空機で運送されるときは、日本国の当局にその旨の通告を与えなければならず、その貨物又は旅客の日本国への入国及び同国からの出国は、日本国の法令による。
2　1に掲げる船舶及び航空機、合衆国政府所有の車両（機甲車両を含む。）並びに合衆国軍隊の構成員及び軍属並びにそれらの家族は、合衆国軍隊が使用している施設及び区域に出入し、これらのものの間を移動し、及びこれらのものと日本国の港又は飛行場との間を移動することができる。合衆国の軍用車両の施設及び区域への出入並びにこれらのものの間の移動には、道路使用料その他の課徴金を課さない。
3　1に掲げる船舶が日本国の港に入る場合には、通常の状態においては、日本国の当局に適当な通告をしなければならない。その船舶は、強制水先を免除される。もっとも、水先人を使用したときは、応当する料率で水先料を払わなければならない。

第六条
1　すべての非軍用及び軍用の航空交通管理及び通信の体系は、緊密に協調して発達を図るものとし、かつ、集団安全保障の利益を達成するため必要な程度に整合するものとする。この協調及び整合を図るため必要な手続及びそれに対するその後の変更は、両政府の当局間の取極によって定める。
2　合衆国軍隊が使用している施設及び区域並びにそれらに隣接し又はそれらの近傍の領水に置かれ、又は設置される灯火その他の航行補助施設及び航空保安施設は、日本国で使用されている様式に合致しなければならない。これらの施設を設置した日本国及び合衆国の当局は、その位置及び特徴を相互に通告しなければならず、かつ、それらの施設を変更し、又は新たに設置する前に予告をしなければならない。

第七条
　合衆国軍隊は、日本国政府の各省その他の機関に当該時に適用されている条件よりも不利でない条件で、日本国政府が有し、管理し、又は規制するすべての公益事業及び公共の役務を利用することができ、並びにその利用における優先権を享有するものとする。

衆国は、施設及び区域の必要性を前記の返還を目的としてたえず検討することに同意する。

4（a） 合衆国軍隊が施設及び区域を一時的に使用していないときは、日本国政府は、臨時にそのような施設及び区域をみずから使用し、又は日本国民に使用させることができる。ただし、この使用が、合衆国軍隊による当該施設及び区域の正規の使用の目的にとって有害でないことが合同委員会を通じて両政府間に合意された場合に限る。
（b） 合衆国軍隊が一定の期間を限って使用すべき施設及び区域に関しては、合同委員会は、当該施設及び区域に関する協定中に、適用があるこの協定の規定の範囲を明記しなければならない。

第三条
1 合衆国は、施設及び区域内において、それらの設定、運営、警護及び管理のため必要なすべての措置を執ることができる。日本国政府は、施設及び区域の支持、警護及び管理のための合衆国軍隊の施設及び区域への出入の便を図るため、合衆国軍隊の要請があったときは、合同委員会を通ずる両政府間の協議の上で、それらの施設及び区域に隣接し又はそれらの近傍の土地、領水及び空間において、関係法令の範囲内で必要な措置を執るものとする。合衆国も、また、合同委員会を通ずる両政府間の協議の上で前記の目的のため必要な措置を執ることができる。
2 合衆国は、1に定める措置を、日本国の領域への、領域からの又は領域内の航海、航空、通信又は陸上交通を不必要に妨げるような方法によっては執らないことに同意する。合衆国が使用する電波放射の装置が用いる周波数、電力及びこれらに類する事項に関するすべての問題は、両政府の当局間の取極により解決しなければならない。日本国政府は、合衆国軍隊が必要とする電気通信用電子装置に対する妨害を防止し又は除去するためのすべての合理的な措置を関係法令の範囲内で執るものとする。
3 合衆国軍隊が使用している施設及び区域における作業は、公共の安全に妥当な考慮を払って行なわなければならない。

第四条
1 合衆国は、この協定の終了の際又はその前に日本国に施設及び区域を返還するに当たって、当該施設及び区域をそれらが合衆国軍隊に提供された時の状態に回復し、又はその回復の代りに日本国に補償する義務を負わない。
2 日本国は、この協定の終了の際又はその前における施設及び区域の返還の際、当該施設及び区域に加えられている改良又はそこに残される建物若しくはその他の工作物について、合衆国にいかなる補償をする義務も負わない。

◎日米地位協定

（日本国とアメリカ合衆国との間の相互協力及び安全保障条約第六条に基づく施設及び区域並びに日本国における合衆国軍隊の地位に関する協定）一九六〇年一月一九日

日本国及びアメリカ合衆国は、一九六〇年一月一九日にワシントンで署名された日本国とアメリカ合衆国との間の相互協力及び安全保障条約第六条の規定に従い、次に掲げる条項によりこの協定を締結した。

第一条
この協定において、
（a）「合衆国軍隊の構成員」とは、日本国の領域にある間におけるアメリカ合衆国の陸軍、海軍又は空軍に属する人員で現に服役中のものをいう。
（b）「軍属」とは、合衆国の国籍を有する文民で日本国にある合衆国軍隊に雇用され、これに勤務し、又はこれに随伴するもの（通常日本国に居住する者及び第一四条1に掲げる者を除く。）をいう。この協定のみの適用上、合衆国及び日本国の二重国籍者で合衆国が日本国に入れたものは、合衆国国民とみなす。
（c）「家族」とは、次のものをいう。
（1）配偶者及び二一才未満の子
（2）父、母及び二一才以上の子で、その生計費の半額以上を合衆国軍隊の構成員又は軍属に依存するもの

第二条
1（a）合衆国は、相互協力及び安全保障条約第六条の規定に基づき、日本国内の施設及び区域の使用を許される。個個の施設及び区域に関する協定は、第二五条に定める合同委員会を通じて両政府が締結しなければならない。「施設及び区域」には、当該施設及び区域の運営に必要な現存の設備、備品及び定着物を含む。
（b）合衆国が日本国とアメリカ合衆国との間の安全保障条約第三条に基く行政協定の終了の時に使用している施設及び区域は、両政府が（a）の規定に従って合意した施設及び区域とみなす。
2　日本国政府及び合衆国政府は、いずれか一方の要請があるときは、前記の取極を再検討しなければならず、また、前記の施設及び区域を日本国に返還すべきこと又は新たに施設及び区域を提供することを合意することができる。
3　合衆国軍隊が使用する施設及び区域は、この協定の目的のため必要でなくなったときは、いつでも、日本国に返還しなければならない。合

◎図版出典一覧

共同通信社	p.32, p.37, p.162
毎日新聞社	p.74
読売新聞社	p.8, p.19, p.66, p.83, p.109, p.175, p.181, p.191, p.196

日米両政府，軍属補足協定の締結に合意．参議院選挙にて沖縄の全小選挙区で島尻安伊子沖縄北方相を含めた自民党候補者が敗北．12月沖縄の辺野古近くの沖合で普天間飛行場所属のMV-22輸送機（オスプレイ）が墜落・大破

2017 1月米国，トランプ政権発足．9月沖縄県，17年ぶりに独自の地位協定改定案を日米両政府に提出

2018 7月全国知事会，地位協定の抜本的改定を含む「米軍基地負担に関する提言」を全会一致で採択．9月沖縄県知事選で地位協定改定や辺野古移設阻止を公約に掲げる玉城デニーが当選

	が当選
2000	4月小渕首相死去により森喜朗内閣発足．7月G8首脳会議（沖縄サミット）の直前，沖縄で米海兵隊員による女子中学生への準強制わいせつ事件や米空軍兵によるひき逃げ事件が発生．8月沖縄県，独自の地位協定改定案を日米両政府に提出．12月韓国，米国と駐留軍地位協定の刑事裁判権に関する改定で合意
2001	1月米国，ブッシュ（子）政権発足．4月小泉純一郎政権発足．7月衆議院外務委員会，「日米地位協定の見直し」を決議．全国知事会，「平成14年度国の施策並びに予算に関する要望について」に地位協定の見直しを盛り込む．田中眞紀子外相，パウエル国務長官との会談で，犯罪を起こした米兵の身柄引き渡しが迅速に行われるよう日米地位協定の運用改善協議推進に合意．9月米国で同時多発テロ発生
2003	3月イラク戦争開始
2004	4月日米合同委員会，地位協定下での刑事裁判手続きに関する運用改善に合意．8月沖縄国際大学に普天間飛行場所属の米軍ヘリ墜落・炎上．9月日米首脳，防衛政策の見直し協議を加速する代わりに沖縄の負担軽減を実現するパッケージ・ディールに合意
2005	4月日米合同委員会，在日米軍基地外での米軍機事故に関するガイドラインを作成
2006	5月日米両政府，普天間飛行場の名護市辺野古沿岸移設とひきかえに，在沖海兵隊の司令部要員8000人とその家族9000人を日本政府の費用負担でグアムに移転させることに合意．11月沖縄県知事選で仲井眞弘多が当選
2009	1月米国，オバマ政権発足
2012	12月第2次安倍晋三内閣発足
2013	12月沖縄県，沖縄振興予算や日米地位協定の補足協定の締結などを条件に辺野古沿岸部の埋め立てを承認
2014	10月日米両政府，環境補足協定の締結に合意．11月沖縄県知事選で辺野古移設阻止を公約に掲げる翁長雄志が当選
2015	9月環境補足協定が成立
2016	4月沖縄で米軍属が強姦目的で女性を殺害する事件が発生．7月

1982 11月中曽根康弘内閣発足
1985 9月プラザ合意
1986 12月日本政府，地位協定に関する労務費特別協定を締結し，日本人基地労働者の給与支払いに応じることに合意
1989 1月米国，ブッシュ（父）政権発足．8月海部俊樹内閣発足．9月第1回日米構造協議開始．11月ベルリンの壁崩壊．12月米ソ首脳，冷戦終結宣言
1990 8月イラク，クウェートに侵攻．10月東西ドイツ統一．11月沖縄県知事選で在沖米軍基地の全撤去を公約に掲げた大田昌秀が当選
1991 1月湾岸戦争開始．韓国，米国と駐留軍地位協定改定で合意．ドイツ，NATO 軍地位協定・補足協定改定交渉を開始．日米両政府，在日米軍駐留経費特別協定を締結し，基地労働者の基本給や光熱水料の日本側負担を1991年度から段階的に引き上げ，中期防衛力整備計画最終年度の95年度に全額を負担することで合意
1992 11月フィリピンから米軍撤退
1993 1月米国，クリントン政権発足．ドイツ，補足協定の改定合意
1994 3月クリントン大統領，スーパー301条と同内容の行政命令を発出．6月村山富市内閣発足
1995 2月イタリア，米国と在伊米軍基地使用了解覚書を締結．9月沖縄で米兵3人による少女暴行事件発生．大田沖縄県知事，代理署名拒否の意向を表明．日米両政府，在日米軍駐留経費特別協定を締結し，新たに在日米軍の訓練移転費を日本側の負担とすることで合意．10月日米合同委員会，地位協定第17条の運用改善で合意し，「殺人，婦女暴行，その他の特定の場合」の「重大事件」に限って，起訴前の米兵の身柄引き渡しに米国側が「好意的配慮」を払うことを取り決め．11月日米両政府，沖縄に関する特別行動委員会（SACO）設置．沖縄県，日米両政府に対して地位協定に関する10項目の見直しを要請
1996 1月橋本龍太郎内閣発足．4月橋本首相とモンデール米駐日大使，普天間飛行場の返還合意を発表．12月 SACO 最終報告，普天間飛行場の夜間飛行訓練の制限など地位協定の運用改善を発表
1998 7月小渕恵三内閣発足．11月沖縄県知事選で「軍民共用」「15年使用期限」を条件に普天間飛行場の県内移設を容認する稲嶺恵一

	開始．岸内閣，警職法改正法案を国会提出．11月警職法改正法案，審議未了・廃案
1959	1月外務省，日米行政協定の見直し開始．2月河野一郎，記者会見を開き「国民の日常生活に直接関係する行政協定の改定こそ最も大事」と主張．3月東京地裁，米軍の駐留を認めている行政協定は憲法違反との見解を示して砂川事件の被告全員を無罪とする判決下す（伊達判決）．8月西ドイツ，NATO軍地位協定・補足協定締結．10月フィリピン，米比基地協定の改定に合意したボーレン・セラノ協定に調印
1960	1月新日米安全保障条約・日米地位協定調印
1964	8月ジョンソン米大統領，トンキン湾事件を受けて北ヴェトナムへの空爆を命令
1965	8月フィリピン，米比基地協定における刑事裁判権の改定に合意したブレア・メネス協定に調印
1966	7月韓国，米国と駐留軍地位協定締結
1969	1月米国，ニクソン政権発足．11月日米両政府，1945年以来米軍占領下に置かれた沖縄の日本への施政権返還に合意．柏木・ジューリック了解覚書（経済密約）
1971	6月日米両政府，沖縄返還協定に調印
1972	2月ニクソン大統領，中国訪問．5月沖縄の施政権返還．日米両政府，非公表の5・15メモで在沖米軍基地の運用取り決め．7月朝鮮半島南北共同声明の発表．9月日中国交正常化
1973	1月ヴェトナム和平協定調印．3月13日の衆議院予算委員会で大平正芳外相，新築ではない代替施設の建設は地位協定第24条を逸脱しないと答弁（大平答弁）
1977	1月米国，カーター政権発足．12月日米合同委員会，日本人基地労働者の労務費のうち計61億8600万円を日本政府が引き受けることで合意
1978	6月29日の参議院内閣委員会で金丸信防衛庁長官，「駐留経費の問題については…『思いやり』の立場で地位協定の範囲内で出来る限りの努力を払いたい」と答弁（思いやり予算）．12月イラン革命→第2次石油危機
1981	1月米国，レーガン政権発足

日米地位協定 関連年表

年	関連事項
1945	4月ローズヴェルト大統領死去にともない，トルーマン副大統領が米大統領に就任．8月日本の無条件降伏．米国，日本占領
1948	10月第2次吉田茂内閣発足
1949	4月北大西洋条約機構（NATO）設立．10月中華人民共和国建国
1950	6月朝鮮戦争勃発
1951	6月NATO軍地位協定調印．9月サンフランシスコ講和条約・日米安全保障条約調印
1952	1月日米行政協定交渉開始．2月日米行政協定調印．4月講和条約・日米安全保障条約・日米行政協定発効
1953	1月米国，アイゼンハワー政権発足．4月日本政府，日米行政協定再交渉を米政府に申し入れ，「行政協定第17条を改正する議定書」案を提出．8月米政府，日本側の第17条改正案への対案を提示．9月日米両政府，「行政協定第17条を改正する議定書および同議定書に関する合意された公式議事録」署名．10月「行政協定第17条を改正する議定書および同議定書に関する合意された公式議事録」発効
1955	10月西ドイツ，NATO加盟→NATO軍地位協定の補足協定を作成する交渉開始
1956	7月フィリピン，米比基地協定の改定交渉開始
1957	1月ジラード事件発生．2月岸信介内閣発足．6月日米首脳会談後の共同声明，米陸軍戦闘兵力と海兵隊の日本本土撤退を発表．7月砂川闘争の参加者，日本政府の強制測量に抗議して米空軍立川基地に立ち入り（砂川事件）．8月ソ連，大陸間弾道ミサイル実験成功．9月砂川事件に関わった7人，刑事特別法違反で起訴．10月ソ連，無人人工衛星スプートニクの打ち上げ成功．11月ソ連，犬を乗せた人工衛星の打ち上げ成功
1958	3月ソ連，核実験停止を一方的に宣言．6月日本政府，米政府に日米安全保障条約の見直し打診．8月第2次台湾海峡危機勃発．9月日米両政府，安保改定交渉の開始に同意．10月安保改定交渉

山本章子（やまもと・あきこ）

1979（昭和54）年北海道生まれ．一橋大学法学部卒業．編集者を経て，2015年一橋大学大学院社会学研究科博士課程修了．博士（社会学）．18年より琉球大学専任講師．20年より同准教授．専攻・国際政治史．本作品で，第41回沖縄研究奨励賞，第41回石橋湛山賞を受賞．

著書『米国と日米安保条約改定——沖縄・基地・同盟』（吉田書店，2017年．日本防衛学会猪木正道賞奨励賞）
『米国アウトサイダー大統領——世界を揺さぶる「異端」の政治家たち』（朝日選書，2017年）
共著『沖縄と海兵隊——駐留の歴史的展開』（旬報社，2016年）
『日常化された境界——戦後の沖縄の歴史を旅する』（北海道大学出版会，2017年）
『日米地位協定の現場を行く——「基地のある街」の現実』（岩波新書，2022年）

日米地位協定《にちべいちいきょうてい》
中公新書 2543

2019年5月25日初版
2022年5月30日7版

定価はカバーに表示してあります．
落丁本・乱丁本はお手数ですが小社販売部宛にお送りください．送料小社負担にてお取り替えいたします．

本書の無断複製（コピー）は著作権法上での例外を除き禁じられています．また，代行業者等に依頼してスキャンやデジタル化することは，たとえ個人や家庭内の利用を目的とする場合でも著作権法違反です．

著　者　山本章子
発行者　松田陽三

本文印刷　三晃印刷
カバー印刷　大熊整美堂
製　　本　小泉製本

発行所　中央公論新社
〒100-8152
東京都千代田区大手町1-7-1
電話　販売 03-5299-1730
　　　編集 03-5299-1830
URL https://www.chuko.co.jp/

©2019 Akiko YAMAMOTO
Published by CHUOKORON-SHINSHA, INC.
Printed in Japan　ISBN978-4-12-102543-2 C1231

現代史

中公新書 f2

2570 佐藤栄作 村井良太
2186 田中角栄 早野透
1976 大平正芳 福永文夫
2351 中曽根康弘 服部龍二
2512 高坂正堯―戦後日本と現実主義 服部龍二
1574 海の友情 阿川尚之
1875 「国語」の近代史 安田敏朗
2075 歌う国民 渡辺裕
2332 「歴史認識」とは何か 大沼保昭 江川紹子
1804 戦後和解 小菅信子
1900 「慰安婦」問題とは何だったのか 大沼保昭
2624 「徴用工」問題とは何か 波多野澄雄
2359 竹島―もうひとつの日韓関係史 池内敏
1820 丸山眞男の時代 竹内洋
2237 四大公害病 政野淳子
1821 安田講堂 1968-1969 島泰三
2110 日中国交正常化 服部龍二
2150 近現代日本史と歴史学 成田龍一
2196 大原孫三郎―善意と戦略の経営者 兼田麗子
2317 歴史と私 伊藤隆
2301 核と日本人 山本昭宏
2627 戦後民主主義 山本昭宏
2342 沖縄現代史 櫻澤誠
2543 日米地位協定 山本章子
2649 東京復興ならず 吉見俊哉